Sie blieben im Schatten

Inge Deutschkron

Sie blieben im Schatten

Ein Denkmal für „stille Helden"

Inge Deutschkron
14.03.09

EDITION HENTRICH

Satz und Druck:
Druckhaus Hentrich, Berlin
Lithos:
Reprowerkstatt Rink, Berlin
Buchbinder:
Buchbinderei Heinz Stein, Berlin

ISBN 3-89468-223-X
1. Auflage 1996
Printed in Germany

Inhalt

Vorwort

> *Zum Heldentum gehört nicht nur Mut und Aufsspielsetzen des eigenen Lebens. So etwas bringt jeder Raufbold und jeder Verbrecher auf. Der Heros ist urspünglich ein Vollbringer menschheitsfördernder Taten.*
>
> Victor Klemperer, LTI

Hier stelle ich fünf Menschen vor, die in jenen schrecklichen Jahren mithalfen, meine Mutter und mich den Mördern zu entreißen. Zwar wurden sie bereits in früheren Veröffentlichungen von mir ausdrücklich genannt. Aber hier möchte ich sie als Persönlichkeiten vorstellen. Diese fünf sind nur einige von den zwanzig Berlinern, die dieses Risiko für uns wagten. Die Wahl dieser fünf ist nicht zufällig. Zwei Frauen sind noch am Leben und waren bereit, wenn auch zögerlich, über sich zu erzählen. Die eine allerdings ohne Angabe ihres Namens, da sie nach Auftritten in der Öffentlichkeit mehrfach am Telefon als Judenhure beschimpft worden ist. Über Emma Gumz, die Frau, die uns von der Notwendigkeit des Untertauchens überzeugte, konnte ich nur noch aus der Erinnerung berichten. Sie schien mir aber als Beispiel zu wichtig, um auf die Darstellung ihrer Person zu verzichten. Über Otto Weidt, der schon 1947 gestorben ist, war mir vieles bekannt. Dessen Sohn, den der Schauspieler Dietrich Lehmann in Frankfurt entdeckte, als er sich auf die Rolle des Weidt* vorbereitete, und Unterlagen, die ich bei dem in Israel lebenden Sohn der Freundin Otto Weidts fand, erweiterten meine Kenntnisse und fügten sich in das Bild ein, das ich von Weidt hatte. Otto Ostrowski, 1963 gestorben, dessen Name als erster gewählter Oberbürgermeister der Stadt Berlin nach der Nazizeit in den ersten Monaten des Jahres 1947 in aller Munde war, hat seinen Nachlaß der Friedrich-Ebert-Stiftung in Bonn übergeben, den ich dort einsehen konnte.

---

* „Ab heute heißt Du Sara" im Grips-Theater, Berlin. Premiere: 9. 2. 1989

Als ich beschloß, über diese fünf Menschen zu schreiben, ging es mir darum, einer breiteren Öffentlichkeit zu zeigen, wer jene Menschen waren, denen die Rettung von Menschenleben über Gefahren ging. Die Lektüre wird beweisen, daß sie ganz gewöhnliche Menschen waren, die ihrem Weltbild entsprechend Großes taten, ohne sich dessen bewußt zu sein. Dabei hatten auch sie wie jeder Mensch Fehler, zeigten sich kleinlich, machten anderen das Leben schwer oder waren von Eitelkeiten getrieben. Das wird besonders in zwei der nachstehenden Porträts deutlich. Es wäre noch deutlicher geworden, hätte ich die Möglichkeit gehabt, noch einige unserer Retter zu ihren Lebzeiten vorzustellen. Aber zu der Zeit, als ich es noch gekonnt hätte, waren in diesem Land nur wenige an solchen Menschen interessiert. Ja, man interessierte sich nicht einmal für die Opfer. Denn hätte man dies getan, hätte man zugeben müssen, wie sehr sich die Deutschen mit dem Regime der Nazis und ihren Verbrechen liiert hatten. Über viele Jahre nach Kriegsende gelang es den Verantwortlichen dieses Staates, diese Tatsache zu verdrängen.
Die Beschreibung dieser Menschen als das, was und wer sie waren, ist nun in keiner Weise als Abwertung ihrer Person und ihrer Taten zu verstehen. Im Gegenteil. Sie bleiben, was sie waren – nämlich Helden. Die Interpretation eines Helden ist ein Mensch, der vor Gefahren nicht zurückweicht, Mut und Stärke beweist, wenn er von der Richtigkeit seines Handelns überzeugt ist. In unserem Jahrhundert mit zwei schrecklichen Weltkriegen besang man als Helden meist jene, die sich „vor dem Feind" ausgezeichnet hatten. Erst mit dem Versuch, das deutsche Volk wegen seiner Loyalität zu einem verbrecherischen Regime zu entlasten, gelang es, Männer des Aufstandes vom 20. Juli 1944 zu Helden zu stilisieren. Man kann sich darüber streiten, ob sie es alle wirklich waren. Einige von ihnen sahen lange Zeit über die Verbrechen der Nazis hinweg und unterstützten sie damit sogar. Erst in einem späteren Stadium erkannten sie die dringende Notwendigkeit und ihre Verantwortung, das deutsche Volk von den Nazis zu befreien. Andere, die viele

Jahre hindurch ihre politische Opposition nicht auszudrükken wußten, verbündeten sich schließlich mit ihnen zu dem einen Zweck: das Naziregime zu stürzen.
Jene aber, die von Anfang an ihre Augen nicht vor den Verbrechen verschlossen hatten und nicht untätig zusahen, wie man eine Minderheit in ihrem Volk verfolgte, bewiesen tagtäglich ihr Heldentum. Ungeachtet des eigenen Risikos halfen sie uns, sprachen uns Mut zu, richteten uns auf, gaben uns Hoffnung, wenn alle Auswege versperrt schienen. Wieviel menschliche Größe gehörte dazu, wieviel seelische Stärke, wieviel Kraft der Überzeugung! Und sie taten dies in aller Stille, dachten nicht an Applaus oder Auszeichnung. Ich bin dankbar dafür, daß der Staat Israel sie als Helden anerkannt und ausgezeichnet hat. Die Medaillen, die diesen „Gerechten der Völker" verliehen wurden und werden, tragen die Inschrift:

> „Wer ein Leben gerettet hat, rettet die ganze Welt."
> „Quicongne sauve une vie sauve l'univers entier."

Die Bundesrepublik Deutschland hat das bis heute unterlassen. Mit Ausnahme der Stadt Berlin (West), die wenigstens den Helfern, die nach dem Krieg in Not gerieten, finanzielle Hilfe zukommen ließ. Die Bundesrepublik beweist im Grunde damit, daß sie bis heute noch nicht bereit ist, sich ehrlich der Vergangenheit zu stellen. Denn sonst hätte sie diese Menschen, die ihren Kopf riskierten, um andere zu retten, einer neuen Generation als Vorbilder vorstellen müssen. Der Schriftsteller Kurt Grossmann nannte sie „Unbesungene Helden". Der Titel stimmt noch heute.
Es gab in Nazi-Deutschland mehr derartige Helden, als man annimmt; zu wenige indes, um eine größere Zahl von Juden retten zu können. 1423 Juden meldeten sich nach dem Krieg als Überlebende. Schätzungen zufolge haben 5 000 bis 10 000 Juden das Überleben im Versteck versucht. Da Berlin in der ersten Hälfte des Jahres 1943 als „judenrein" galt, also offiziell keine Juden mehr in Berlin sein durften, bedeutete dies, über zwei Jahre im Versteck auszuhar-

ren. Viele schafften das nicht. Die Gründe sind vielfältig. Es gab Personenkontrollen auf den Straßen, die meist Deserteuren oder entflohenen Fremdarbeitern galten. Oft mit ungenügenden Papieren ausgestattete Juden fielen ihnen zum Opfer.
Die Gestapo hatte überdies eine sogenannte „Geflitzten-kartei" und suchte nach den Verstecken, wenn sie Spuren ausmachen konnte. Oder sie wurden von solchen „Volksgenossen" wiedererkannt und denunziert, die ihre Loyalität dem Regime gegenüber beweisen wollten. Schließlich gab es jüdische Spitzel, die Untergetauchte verrieten, in der Annahme, auf diese Weise ihr eigenes Leben retten zu können. Und es gab Versteckte, denen die Zeit zu lang wurde – sie hatten nicht genügend Helfer, oder das Geld ging ihnen aus, mit dem sie versucht hatten, sich Lebenmittel oder Unterkünfte zu erkaufen. Die immer stärker werdenden Luftangriffe auf Berlin zerstörten potentielle Unterkünfte. Lebensmittel wurden immer knapper, je näher das Kriegsende kam. Jene tapferen Menschen, die bis zu deren Verhaftung ihren jüdischen Schützlingen geholfen hatten, werden unerkannt bleiben. Daher wird es nie möglich sein, die Zahl derjenigen auch nur annähernd zu ermessen, die zur Rettung von Juden trotz aller Gefahren für sie selbst bereit gewesen sind.
Das einzige, was man mit Sicherheit feststellen kann, ist, daß jene, die halfen, allen Schichten angehörten. Sie kamen aus religiösen Kreisen oder gehörten zu den politischen Feinden des Regimes oder waren einfach Menschen mit stark ausgeprägten Gefühlen für Recht und Unrecht. Mit anderen Worten, sie wurden von den unterschiedlichsten Motiven angetrieben; und dennoch verbindet sie vieles. Aus der Erfahrung mit den zwanzig Berlinern – denen, die das große Risiko wagten, uns aufzunehmen, und denen, die uns Brot oder Stopfgarn gaben und damit auch einen Beitrag zu unserem Überleben leisteten – wage ich am Ende eine Analyse dieser Menschen, die ich als Helden verehre.

Klara

„Ich interessierte mich nicht für Politik", erinnert sich Klara[1]. „Überhaupt nicht", wiederholt sie mehrmals. Und im Grunde blieb ihr auch keine Zeit zum Nachdenken.
„Wir konzentrierten uns nur auf unsere Arbeit. Aber die Zeit ließ das nicht zu." Erst war es ein Geselle, dessen geheime Bindungen an eine kommunistische Widerstandsgruppe sie mit den Nazigesetzen in Konflikt brachte. Dann waren es die Juden. „Ich habe gesehen, wie sie eine alte Frau abholten. Sie hatte nur ein Kissen unter dem Arm. Dann hörte ich ein Kind, die Jutta, schreien ..."
Als Klara Mandalka wurde sie 1912 geboren. In Kandrzin in Oberschlesien, im Dreiländereck, nahe der polnischen Grenze. Im Mai 1934 änderten die Nazis den Namen des Dorfes. Heydebreck wurde es nun genannt, nach einem Kumpan Adolf Hitlers. „Allerdings wurde jener Peter von Heydebreck kurz darauf im Rahmen des Röhm-Putsches[2] erschossen", erklärt Klara schmunzelnd. Die Leute von Kandrzin sprachen Deutsch und Polnisch. Der kleine Grenzverkehr zwischen Deutschland und Polen war dort etwas Alltägliches. Die hohen Backenknochen der Klara lassen die Annahme zu, daß auch ihre Vorfahren einst über die Grenze ins damalige deutsche Oberschlesien kamen. „Wer weiß das, es ist doch auch gar nicht wichtig." Die Menschen von hüben und drüben kannten einander, sprachen miteinander, lachten miteinander damals, bevor Hitler an die Macht kam.
Das Dorf Kandrzin war nicht ohne Bedeutung, trotz seiner nur 6000 Einwohner. Es war ein Eisenbahnknotenpunkt, einer der großen Bahnhöfe Oberschlesiens. Wer von Gleiwitz nach Berlin wollte, mußte dort umsteigen. Das gleiche galt für Reisen nach Wien. Als Folge davon war Kandrzin

---

1 Der Name ist der Autorin bekannt.
2 Röhm-Putsch: Am 30.6.1934 wurde SA-Chef Röhm auf Befehl von Hitler erschossen, angeblich wegen homosexueller Aktivitäten. In Wahrheit sollte die Macht der SA gebrochen werden.

ein Dorf von Eisenbahnern. Fast jeder war irgendwie mit der Eisenbahn verbunden. Klaras Vater war Lokomotivführer. „Beamter", wie Klara mit unverhohlenem Stolz hinzufügt. Das verhieß ein gutes Einkommen und einen gewissen Lebensstandard. Der Vater hatte viele Prüfungen zu bestehen gehabt, bevor er die verantwortungsvolle Aufgabe übertragen bekam, erinnert sie sich. Die Lokomotive war sein Lebensinhalt. Er war immer im Dienst. Sogar Weihnachten. Man feierte das Fest um 2 Uhr nachmittags, damit er rechtzeitig auf seiner Lokomotive sein konnte.

Klara war die Jüngste von fünf Kindern – drei Jungen und zwei Mädchen. Ein Grund übrigens, weshalb sie selbst nie viele Kinder wollte. „Bei fünf Kindern bekommt man immer nur ein Fünftel einer Tafel Schokolade." Sie sagt es ganz ernst. Aber schnell fügt sie hinzu: „Wir haben nie Not gelitten." Ihren ersten Wintermantel bekam sie allerdings erst, als sie sieben Jahre alt war. Aber das hatte etwas mit dem Ersten Weltkrieg zu tun. Es gab einfach nichts zu kaufen. Zuvor pflegte ihr die Mutter im Winter ein englisches Plaid um die Schultern zu legen gegen die Kälte. Für die Hände gab sie ihr einen Muff aus grauem Krimmer und setzte ihr eine „schrecklich häßliche Haube" auf. Die Strümpfe waren natürlich selbstgestrickt.

„Berlin, ach Berlin! Ich war ganz begeistert von der Stadt. So sauber, so viel Leben, so schöne Straßen!" Sie war 14 Jahre alt, als sie ihren ersten Besuch machte. „Die Berge von Keksen und Bonbons in den Kaufhäusern Tietz und Wertheim!" Nachts träumte sie davon.

Eine angeheiratete Tante nahm sie auf, als sie schließlich für längere Zeit kam. Sie war Kriegerwitwe, hatte nur eine kleine Rente und mußte hart arbeiten, zuerst als Weißnäherin. Dann ließ sie sich in ihrer Heimatstadt Posen zur Hebamme ausbilden, um ihre Einkünfte zu verbessern. Klaras Onkel heiratete sie, eben weil sie aus Posen stammte, nahe der Grenze mit Polen. Er selbst war nach Berlin strafversetzt worden, weil er mit Polen sympathisierte, eine Ungeheuerlichkeit für einen deutschen Beamten zu jener Zeit.

Klara durchstreifte Berlin. In einem Café am Kurfürstendamm Ecke Uhlandstraße machte sie stets Station. Sehnsüchtig sah sie den Kellnerinnen zu. Das wollte sie auch werden: „Servierfräulein", wie sie es nennt. Im Café war man sogar bereit, sie anzustellen. Aber Klara erhielt keine Arbeitserlaubnis, weil sie nicht in Berlin gemeldet war. In der Zeit der großen Arbeitslosigkeit, Ende der zwanziger Jahre, waren freie Stellen ansässigen Berlinern vorbehalten. Natürlich hatte sie auch keinen Beruf erlernt. Damals mußte sich ein Mädchen nur auf die Ehe vorbereiten. Zwei Jahre Haushaltungsschule in Gleiwitz und ein bißchen Schneiderei – das war die ganze Ausbildung fürs Leben nach Beendigung der Grundschule in einem Kloster. Die Religion spielte dagegen eine ganz wichtige Rolle im Leben der jungen Klara. Die Mutter war sehr gläubig. Sie sorgte dafür, daß die Familie regelmäßig zur Kirche ging. Die Beichte gehörte wie selbstverständlich dazu. Und so war es nur natürlich, daß ein junger Mann für Klara gefunden werden mußte, der zwei Bedingungen zu erfüllen hatte: er mußte katholisch sein, und er mußte einen guten Beruf haben, um Klara standesgemäß ernähren zu können.

„Die Mädchen von heute wissen gar nicht, wie gut sie es haben." Klara spricht laut und lebhaft und oft auch ein wenig aggressiv. „Als ich jung war, konnte ich mir nichts kaufen. Ich hatte ja gar kein Einkommen. Und von den Eltern konnte ich nichts erwarten." Es ist nicht schwer, sich Klara Mandalka als junges Mädchen vorzustellen mit den noch heute lockigen Haaren, den flinken blauen Augen und dem genüßlichen Schmunzeln, das so schnell über ihr Gesicht huscht, wenn ihr etwas Freude macht. Sie liebt es zu lachen, hell und laut. Dann werden die Falten in ihrem Gesicht zu Furchen, die tief eingegraben scheinen. Sie hingegen weist auf ihre noch immer sehr geraden Beine, von denen sie meint, daß sie einst sehr schön waren und Männerblicke anzogen. Tanzengehen, Radfahren, Fröhlichsein, das liebte sie.

Sie lernte auch jüdische Männer kennen, die ihr sympathisch waren und mit denen sie ab und zu ein Rendezvous hatte. „Aber die wollten ja alle auswandern", sagt sie fast bedauernd in der Erinnerung an damals. Da war schon Nazizeit. „Was kümmerten mich die Nazis? Ich wollte jung sein und genießen." Es ist noch heute leicht vorzustellen, daß Klara das Leben liebte, es mit beiden Händen packte und darin herumwirbelte. Einer ihrer jüdischen Freunde führte sie ins „Scheunenviertel"[3]. Nein, sie wußte nichts über Juden. Gewiß, in ihrem Dorf hatte eine jüdische Familie gelebt. „Die waren viel ärmer als wir." Für ihr Judentum hatte sich niemand im Dorf interessiert. Sie lebten dort wie alle andern. Klara spricht das harte Deutsch der Oberschlesier. Sie scheint immer ein wenig in Spannung, ihre Reaktionen kommen blitzschnell. „Er war gar nicht mein Typ", sagt Klara vom „Meister". So spricht sie noch heute von ihrem ersten Mann, den sie schließlich 1936 heiratete. Ernst Grüger war klein, fast schmächtig, ein wenig unscheinbar. Aber darauf kam es nicht an. Wichtig war, daß er katholisch und Bäckermeister von Beruf war. Das sagte eine sehr gute Zukunft voraus. Klara betont mehrmals mit großer Ehrlichkeit – übrigens eine ihrer Tugenden: „Er war ein guter Mensch. Er war fleißig." Und sie? Sie hatte ja nichts gelernt. Was konnte sie wohl erwarten? Heiraten mußte sie. Ernst Grüger war im Gegensatz zu ihr ein armer Leute Kind. Sein Vater hatte noch in den Gruben Schlesiens Kohle geschlagen, „kniend", betont sie. Dessen Frau, also die Mutter von Ernst Grüger, war bei der Geburt ihres 13. Kindes gestorben. Als sie heirateten, kaufte Grüger die Bäckerei in Berlin-Charlottenburg, Droysenstraße 10 a, eine von vier Bäckerein in der gleichen Straße.

Klara fügte sich in ihr Schicksal. Wie der Meister, so arbeitete auch sie hart. „Ich war sehr fleißig und sehr flink." Nein, für die Liebe war kaum Zeit. Überhaupt – was wußte sie schon von der Ehe? „Ich war sehr dumm." Tatsächlich aber brauchten sie ihre ganze Kraft, um im Existenzkampf bestehen zu können. Sie fielen meist total übermüdet ins Bett.

3 Scheunenviertel: ein Viertel im Zentrum Berlins, in dem sich hauptsächlich Juden ansiedelten, die aus Osteuropa vor Pogromen geflohen waren.

Der Meister mußte um vier Uhr früh wieder in der Backstube sein, um die angepriesene Frische seiner Ware garantieren zu können. Für Klara endete die Nachtruhe vor sechs Uhr früh. Denn um sechs Uhr mußte der Laden geöffnet werden. Zerstreuung? Ein Besuch im Kino am Sonntagnachmittag, zu mehr reichte es nicht. Denn schon am frühen Sonntagabend mußte der Sauerteig fürs Brot für den kommenden Tag angesetzt und der Backofen vorgeheizt werden.
Klaras Pflichten waren vielfältig. Fiel einer der vier Gesellen aus, mußte sie in der Backstube aushelfen, zum Beispiel beim Schrippenpressen. Der von der Maschine glatt gerührte Teig kommt auf die Beute, den Arbeitstisch des Bäkkers. Auf einer Waage wird die Menge abgewogen. Dann drückt man den Teig so lange, bis die Schrippe rund und glatt ist. „Das war damals Handarbeit", betont sie. Schließlich kommen die Schrippen auf ein Brett, auf dem sie gehen müssen. Dazu werden sie auf eine Schiene hoch oben, nahe der Decke der Backstube, geschoben. Dort ist es feucht und warm, sie gehen auf und werden beim Backen knusprig. „Unsere Schrippen waren die besten in der Gegend. Die Leute kamen von weit her und standen sogar an danach." Sie scheint noch heute stolz darauf zu sein. Das Geheimnis war, so meint sie, daß der Dampfofen in der Backstube der Grügers von besonderer Qualität war, und daß sie dem Teig Biomalz beimischten.
„Auch Kuchenschneiden muß gekonnt sein! Es gilt, so viele Stücke wie möglich herauszuschneiden. Beim Obstkuchen muß man sich an die Form der Frucht halten und dennoch versuchen, so viel ‚Profit' wie möglich herauszubekommen."
Am Morgen mußte sie „Beutel einzählen", also die von den Kunden zum Frühstück bestellten Brötchen in die Beutel tun. Danach stand sie bis zum Ladenschluß am Abend hinter der Theke. „Es war ein hartes Leben." Die Konkurrenz war groß. Aber trotz allem: „Wir haben auch viel gelacht bei der Arbeit."
Den Kontakt zu ihrer Familie in Oberschlesien hielt sie aufrecht, schickte Sachen an die Schwestern, die die Vorzüge Berlins nicht kennenlernen konnten. Ein Bruder wurde in der

Nazizeit Sturmführer der SA. Klara nimmt ihn bis heute in Schutz. In der Weimarer Zeit war er Kommunist gewesen. Aber dann fuhr ein Freund von ihm in die Sowjetunion und sah, wie es dort unter dem Kommunismus zuging. Als der Bruder das hörte, wechselte er zu den Nazis über. Er war in ganz Oberschlesien bekannt, denn er hatte in den zwanziger Jahren Sprengstoff für die Nazis gestohlen und war dafür auch vor Gericht gestellt und verurteilt worden. Aber er saß die Strafe nie ab, weil er sich verstecken konnte. Als die Nazis an die Regierung kamen, wurde ihm die Strafe natürlich erlassen. „Er war kein schlechter Mensch", so die Schwester, „er war halt ein Idealist."

Ja, sie hatten eine Hakenkreuzfahne im Laden. Das gehörte sozusagen zur Aussteuer. Manchmal kamen welche von der Arbeitsfront – die Naziversion einer Gewerkschaft –, um sie als Mitglieder zu werben. Sie habe keine Zeit für „so was", sagte sie zu den Werbern. Wahrscheinlich etwas schnippisch, wie es ihre Art ist, wenn ihr etwas nicht paßt. Da ließ man schnell von ihr ab. Sie wußte, daß Juden in ihrer Gegend wohnten. Sie kauften immer die Barches[4], die die Bäckerei Grüger für diese besondere Klientel herstellte. Weiter fiel der Klara zum Thema Juden zu der Zeit nichts ein. Die Nazipropaganda glitt an ihr ab, „wie alles, was mit Politik zu tun hatte".

Aber dann brannten die Synagogen in der Nacht vom 9. zum 10. November 1938, und Hunderte von jüdischen Männern wurden verhaftet.[5] Kunden erzählten ihr davon. Sie verstand das nicht. Was sollte das? War das Politik? Wie recht sie hatte, daß sie sich damit nicht abgeben wollte! Aber bald ging das nicht mehr. Eine Verordnung wurde herausgegeben, daß Juden nur noch zwischen 16 und 17 Uhr einkaufen durften. „Ich habe erlebt, wie eine Nazifrau eine Jüdin anpöbelte, weil sie zu einer anderen

---

4 Barches: heute Zopf genannt.

5 Pogromnacht: 9./10. November 1938. Der Vorwand für dieses erste staatlich organisierte Pogrom war die Ermordung eines deutschen Diplomaten durch einen jungen Juden in Paris.

Zeit unsern Laden betreten hat." Sie hatte eine Sondergenehmigung, weil sie in der für Juden bestimmten Einkaufsstunde in einer Fabrik Schichtarbeit machte. Sie kamen auch von der Ortsgruppe der NSDAP zu den Grügers und meinten, sie könnten den Verkauf an Juden ganz einstellen. Sie brauchten nur ein Schild an der Ladentür anzubringen: „An Juden kein Verkauf." Klara wußte auch darauf eine Antwort: „Geld hat kein Monogramm." Sie brauchte es dringend, um die großen Unkosten decken zu können.
Klaras Sprache klingt immer besonders aggressiv, wenn sie von ihren Erfahrungen mit Nazis berichtet. Dann kam die Verordnung, daß an Juden keine „weiße Ware"[6] abgegeben werden durfte. Klara hielt sich nicht daran. „Sie haben Schrippen an Juden verkauft", hielt man ihr im Rathaus Charlottenburg vor. „Woher sollte ich wissen, daß es Juden waren?" Die Leute hätten ihr Reisemarken gegeben, auf denen kein „J" aufgedruckt war, entgegnete sie dem Beamten.
Der Beamte, der dies glaubte oder glauben wollte, entschuldigte sich sogar bei ihr. Er habe doch der Denunziation nachgehen müssen. Deutsche wurden damals zur Denunziation ermutigt. Einige jüdische Kunden, die sie gut kannte, klingelten an ihrer Wohnungstür und baten um Schrippen. Sie gab sie ihnen, obgleich sie die neben ihnen wohnende Portiersfrau fürchtete, deren Sohn zu einer „großen Nummer" in der NSDAP aufgestiegen war. Sein Buckel und die damit verbundenen Komplexe waren wohl Grund für seine Geschäftigkeit in Sachen Nazipartei. „Aber man mußte doch helfen!" rief Klara aus. „Allein mit dem Gerede, wie schrecklich das alles ist, war es nicht getan!"
Doch das war nicht so einfach, wie sich das anhört. Alles war rationiert, und manche Lebensmittel waren sehr knapp. Auf „geradem" Wege hätte auch Klara nicht so vielen Menschen helfen können. Als der Krieg 1939 ausbrach, erinnert sie sich, wurde bei den Geschäftsleuten eine Bestandsaufnahme durchgeführt. Bei den Grügers ging es um den

---

6 Weiße Ware: Weißbrot und Brötchen.

Bestand von Mehl, Zucker und Fetten. Danach wurden die Zuteilungen festgesetzt. Der Meister kümmerte sich nicht viel um Anordnungen, die auch festlegten, daß Schrippen nicht mehr so groß wie früher gebacken werden durften. Und so hatten sie bald ein Manko. Ein Kontrolleur fand das schnell heraus und setzte ein Bußgeld von 1200 Mark fest. Für Klara war das eine Lehre. Das durfte nie wieder passieren. Sie sann auf Auswege. Einige ihrer Kunden bekamen Pakete aus dem besetzten Frankreich und brauchten ihre Brotmarken nicht. Sie schnitt sie ihnen von der Lebensmittelkarte ab, auch wenn sie schon ungültig waren, und mischte sie unter die gültigen Marken. Das erhöhte ihr Kontingent für die Zuteilungen. Um auch den Juden „weiße Waren" geben zu können, schüttete sie heimlich ein wenig von dem nicht so knappen Roggenmehl in das weiße Mehl. Auch dabei wurde sie eines Tages von einem Kontrolleur ertappt. Ein paar Zigarren – eine Kostbarkeit im Krieg – halfen, die Angelegenheit aus der Welt zu schaffen. Aber Klara schreckte auch das nicht ab. „Bevor meine jüdischen Kunden deportiert wurden, kamen sie meist noch einmal zu mir. Ich gab ihnen Schrippen mit."
Klara tat dies alles zu einer Zeit, als ein Gerichtsurteil gegen sie zur Bewährung ausgesetzt war:
Ursprünglich hatte die Bäckerei Grüger vier Gesellen. Aber einer nach dem andern wurde zum Militär eingezogen. Es war ja Krieg, und die Deutschen standen an vielen Fronten. Hanno Günther war als letzter übriggeblieben. Auch er erhielt eines Tages den Gestellungsbefehl. Das war fatal. Ohne ihn würde es noch schwerer sein, den Betrieb in vollem Umfang aufrechtzuerhalten. Noch dazu war Hanno, wie Klara sich erinnert, ein besonders fleißiger junger Mann, immer freundlich und sehr zuverlässig. „Jeden Morgen um 4 Uhr kam er angeradelt", arbeitete 12 Stunden, wie das Gesetz es vorsah. Er trug stets eine karierte Hose und hohe Stiefel, „so sehe ich ihn noch heute vor mir". Über Politik redete man nicht in der Bäckerei Grüger. Aber daß Hanno kein Nazi war, das war offensichtlich. Tatsächlich stammte Hanno aus einem kommunistischen Elternhaus.

Schon in der Schule war er wegen seiner nicht angepaßten Haltung zum Nationalsozialismus aufgefallen. Darum bekam er auch keinen Studienplatz, obwohl er sehr intelligent war. Selbst eine Mitgliedschaft in der Hitlerjugend half da nicht viel.
Als er mit 15 Jahren eine Bäckerlehre aufnahm, trat er aus dem Jungvolk wieder aus mit der Begründung, er sei beruflich zu sehr in Anspruch genommen. Dazu gehörte damals schon viel Mut. Daß Hanno heimlich mit ehemaligen Schulfreunden sozialistische Literatur las und die BBC abhörte, was allein schon mit der Todesstrafe geahndet werden konnte, ahnte man bei den Grügers nicht. Und überhaupt – „was Hanno in seiner Freizeit machte, ging uns nichts an"; Klara zieht die Schultern hoch.
Der Gestellungsbefehl für Hanno ließ die Grügers schier verzweifeln. Der Meister überlegte, ob man nicht bei der Arbeitsfront um Rückstellung dieses letzten Gesellen im Interesse der Aufrechterhaltung des Betriebes bitten sollte. „Geh' zu ihnen, sag' ihnen, wir seien bereit, eine größere Spende zu geben, wenn sie uns den Hanno lassen", so sein Auftrag an Klara, den sie auch ausführte. Man würde die Angelegenheit prüfen, sagte man ihr. Nach ein paar Tagen ließ sich ein Feldwebel bei den Grügers sehen, der sich bereit erklärte, den Hanno gegen einen Betrag von 400 Mark zurückzustellen. „Das war viel Geld damals. Man bedenke doch: für vier Schrippen bekamen wir nur 10 Pfennig!" Aber die Grügers zahlten.
Auch Hannos Mutter, eine alte Kommunistin, gab etwas dazu. Und Hanno wurde tatsächlich zurückgestellt. Nach einem halben Jahr wiederholte sich das Spiel. Nun verlangte der Feldwebel schon 700 Mark. „Wann verdienst du so viel Geld?" fragte Klara besorgt ihren Mann. Der aber antwortete: „Trockne Schrippen schmecken besser als trockenes Brot" – und zahlte. Bald wurde offenbar, es war alles Schwindel. Der Feldwebel hatte gar nicht die Vollmacht, jemanden auf längere Zeit zurückzustellen. Und Hanno wurde eingezogen. In Sorau (Niederlausitz) wartete er vier Monate auf den Transport zu seiner Einheit an der russi-

schen Front. Doch dort wurde er am 28. Juli 1941 plötzlich verhaftet.[7]
Der Grund: Hanno hatte mit seinen Freunden seit dem Sommer 1940 Flugblätter gegen die Nazis hergestellt. Ihre Eltern – meist ehemalige Kommunisten – hatten sie nicht daran gehindert. Selbst die großen Siege der Nazis zu jener Zeit und ihre damit steigende Popularität hielten Hanno und seine Freunde nicht davon ab. In ihren Flugblättern mit dem Titel „Das freie Wort" schrieben sie: „Eines Tages werden die unterdrückten Völker aufstehen, um das braune Joch abzuschütteln!" Sie steckten sie in Briefkästen von Unbekannten, legten sie unter Fußmatten, ließen sie irgendwo unauffällig liegen. Sie klebten kleine Zettel mit Sprüchen gegen die Nazis an verschiedenen Stellen der Stadt an Litfaßsäulen, an Straßenlaternen, an Bauzäune. Es ist anzunehmen, daß Hanno dies auf dem Weg zur Arbeit in den frühen Morgenstunden tat. Und auch noch, als er schon die Soldatenuniform trug. Doch dann war ein Mitverschwörer verhaftet worden. Er verriet sie alle, seine Kameraden, wohl unfähig der Folter standzuhalten. Die „Rütli-Gruppe" nannte die Gestapo diese jungen Leute, weil die meisten von ihnen die Rütli-Schule in Berlin-Neukölln besucht hatten. Die Grügers wußten nichts von alldem.
„Eines Tages erschien die Gestapo bei uns und befahl dem Meister mitzukommen." Sie holten ihn vom Backofen weg. „Er durfte noch das Brot aus dem Ofen holen." Von ihr verlangten sie, daß sie zur Gestapoleitstelle in der Burgstraße nachkomme. „Ich weinte, und der Meister weinte. Wir hatten keine Ahnung, was sie uns vorwerfen würden." Klara war entsetzlich aufgeregt, verwirrt, verängstigt, als sie auf dem langen Gang dieser „Behörde" auf und ab ging. Man hieß sie warten. Es schien ihr eine Ewigkeit zu dauern. Sie horchte, versuchte zu verstehen, was hinter den Türen gesprochen wurde. Sie meinte, den Namen Hanno Günther zu hören. Und tatsächlich, die Gestapo hatte die Sache mit

7 Quelle „Hanno Günther, ein Hitlergegner, Geschichte eines unvollendeten Kampfes 1921–1942", Berlin 1992.

der Bestechung aufgedeckt. Die Stempel im Wehrpaß wurden eindeutig als Fälschungen nachgewiesen. So war es nicht sonderlich schwer, den Bäckermeister zum Geständnis zu zwingen. Sein Vergehen hieß Wehrkraftzersetzung. Wäre Hanno Günther nicht aus anderen Gründen verhaftet worden, wäre diese Bestechung wohl niemals aufgedeckt worden. Der Meister wurde zu 18 Monaten Gefängnis verurteilt, von denen er zwölf absitzen mußte. Es sei ihm im Gefängnis nicht so schlecht gegangen, berichtet Klara. Er arbeitete auch dort als Bäcker. Den Gefängnisaufsehern war überdies klar, daß sie es weder bei Ernst Grüger noch bei den meisten anderen Gefangenen mit Verbrechern im üblichen Sinne zu tun hatten. Einer hatte Ware zu Schwarzmarktpreisen verkauft, ein anderer etwas unter den Zucker gemischt, ein dritter ranzige Butter zu Höchstpreisen verkauft. Zwei Tage, nachdem ihr Mann seine Strafe angetreten hatte, besuchte sie ein Gefängnisaufseher und sagte Klara, ihr Mann mache ihm Sorgen. Er wäre so deprimiert. Für ein halbes Pfund Butter durfte sie den Meister besuchen. Sie selbst war sozusagen mit einem blauen Auge davongekommen. Zwar wurde sie als Beteiligte an der Bestechung mit zwölf Monaten Gefängnis bestraft. Sie bekam auch eine Aufforderung, sich im Frauengefängnis in der Barnimstraße einzufinden. Aber dann wurde die Strafe zur Bewährung ausgesetzt, weil sie die Bäckerei, einen lebenswichtigen Betrieb, weiterführen sollte. Ein fremder Meister, bereits im Rentenalter, wurde während der Abwesenheit von Ernst Grüger eingesetzt.
Hanno Günther wurde am 21. Dezember 1942 wegen Hochverrats hingerichtet. Er war 21 Jahre alt.

*

Ein trauriger Anlaß führte mich zu Klara. Es muß im Winter 1944 gewesen sein, als ich ihren Laden betrat und ihr Grüße von Walter Skolny überbrachte. „Wo ist er? Wo ist Walter?" rief sie ahnungsvoll. „Er war lange nicht hier."
Walter Skolny, blond, blauäugig und sehr schlank, wohl Ende 30, hatte sich zunächst den Deportationen entziehen

können. Eine nichtjüdische Freundin betreute ihn. Mit Schwarzmarktgeschäften bestritt er seinen spärlichen Unterhalt. Von Klara bekam er Brot und Brötchen. „Wir haben dann immer ein bißchen geplaudert."
Eine Tages ist Walter verraten worden von einem seiner „Kunden". Als die Gestapo ihn bei einem Treffen mit dem Geschäftspartner stellte, versuchte er zu fliehen. Sie schossen ihm ins Bein und brachten ihn sogleich ins Sammellager in der Großen Hamburger Straße, um ihn mit dem nächsten Transport zu deportieren. „Von nun an nehmen Sie den Platz von Walter bei mir ein", brachte Klara schließlich, hinter dem Ladentisch stehend, unter Schluchzen heraus, als sie gehört hatte, daß auch ich eine Untergetauchte war. Walter hatte mich über einen Freund, der als Angestellter der Jüdischen Gemeinde im Sammellager aus und ein ging, von seiner Festnahme wissen lassen. Zugleich bat er mich, so schnell wie möglich die Schwarzmarktware aus seinem Zimmer in einer Wohnung in der Albrecht-Achilles-Straße zu entfernen, bevor die Gestapo sie fand und ihn auch noch dafür bestrafte. In der Bäckerei Grüger sollte ich alles abliefern. Nach einer exakten Beschreibung der mir unbekannten Wohnung war ich in Walters Zimmer eingedrungen, hatte Lebensmittel, die ich Jahre nicht gesehen hatte, in einen Koffer geworfen und diesen so schnell ich nur konnnte aus der Wohnung geschafft. Auf der Straße merkte ich erst, wie schwer der Koffer war, den ich da in die Bäckerei Grüger brachte, wie Walter mir aufgetragen hatte.
Während wir so sprachen, sah ich, wie russische Kriegsgefangene vorbeigeführt wurden. Ihr Anblick ließ mich erschaudern. Sie waren verdreckt. Lumpen verhüllten nur notdürftig ihre Körper. Die Gesichter waren eingefallen und aschfahl. Schwarze Bartstoppeln vollendeten den Eindruck, als wären sie Landstreicher übelster Sorte. In Holzpantinen schlurften sie dahin. Offensichtlich zu schwach, um die Füße zu heben.
Plötzlich lösten sich einige aus der Gruppe, stürzten sich mit ungeahnter Kraft auf das Brot an einem Baum nahe der Bäckerei, das ich zunächst gar nicht bemerkt hatte. Sie

ergriffen es hastig, versteckten es unter ihren Lumpen und humpelten, so schnell sie konnten, zu ihrer Gruppe zurück. Es war alles eine Sache von Sekunden. Der deutsche Bewacher tat, als habe er nichts gesehen. Klara warf von ihrem Ladentisch aus nur einen kurzen zufriedenen Blick auf die Szene. Mir war klar, daß nur sie das Brot dort hingelegt haben konnte.

Noch am gleichen Tag stellte mir Klara einen jüdischen Anwalt vor, den sie versteckt hielt. M. war jahrelang Kunde in der Bäckerei Grüger gewesen. „Bei uns gab es ein gutes Roggengebäck mit Zucker drauf. Das kaufte er oft." Dann blieb er lange weg. Eines Tages kam er wieder. Es war schon zur Zeit der Deportationen. Erschöpft setzte er sich auf die Bank gegenüber dem Ladentisch. Klara sah, daß seine Beine geschwollen waren und daß er nicht so gepflegt aussah wie sonst. „Was ist mit Ihnen los?" fragte sie. M. erzählte ohne Zögern, daß er untergetaucht wäre: „Ich lasse mich nicht deportieren!" Aber er hätte niemanden, der bereit wäre, ihn aufzunehmen. Dafür aber hatte er viele Hausschlüssel, denn wegen der ständigen Abholungen seiner verschiedenen Wirtsleute mußte er oft umziehen. Die Schlüssel behielt er mehr oder weniger zufällig. Nun öffneten sie ihm Schlafgelegenheiten. In den Treppenhäusern legte er sich des Nachts zu einer unbequemen Ruhe. Kam jemand zu später Stunde von unten herauf, ging er eiligst die Treppe hinunter.

Manchmal schlief er auch ein paar Stunden in der S-Bahn, bis diese ihre Fahrt in der Nacht einstellte. Oft kam er tagelang nicht aus den Kleidern. Dann gaben ihm Prostituierte Gelegenheit, ein Bad zu nehmen und sich wieder einigermaßen herzurichten. Klara, impulsiv und hilfsbereit, schlug ihm vor, erst einmal eine Nacht in ihrem Haus zu verbringen. Dann würde man weitersehen. Aus dieser einen Nacht wurden zwei Jahre, in denen Klara und ihr Mann dem jüdischen Anwalt ein Versteck boten und ihn versorgten. „Mein Mann unterstützte mich bei allen meinen Hilfsaktionen für jüdische Menschen" – Klara ist diese Aussage wichtig.

Nun gab es für sie kein Halten mehr. Sie nahm auf ihre Bewährungsfrist keine Rücksicht. Längst hatte sie das Unrecht und die Unmenschlichkeit des Naziregimes erkannt, und sie half, wo sie nur konnte. „Gehen Sie nicht zur Beerdigung Ihrer Frau“, riet sie einem Kunden, der durch die Ehe mit einer Nichtjüdin geschützt gewesen und nun durch ihren Tod den Nazis preisgegeben war. „Man wird Sie noch am Grab Ihrer Frau verhaften“, beschwor sie den Mann. Er befolgte ihren Rat und tauchte unter. Er überlebte und dankte ihr mit einer Tafel Schokolade, eine seltene Delikatesse nach Kriegsende. Er hatte sie aus England geschickt bekommen.

„Da waren noch die vier Jungs“, besann sie sich. Sie kamen oft in ihren Laden und kauften sogar mit Marken ein, die ihnen gute Menschen geschenkt oder die sie bei Einbrüchen in Lebensmittelgeschäften „ergattert“ hatten. Derartige kriminelle Taten waren damals an der Tagesordnung. Meist waren die Einbrecher „Fremdarbeiter“, die ihre Hungerrationen aufbessern wollten und wußten, daß die Polizei, durch den Krieg sehr dezimiert, längst nicht mehr in der Lage war, derartige Verbrechen zu verfolgen. Eines Tages kamen die vier ganz verzweifelt zu ihr. Die Wohnung, in der sie im Wedding gewohnt hatten und dort offensichtlich von der Gestapo „vergessen“ worden waren, war durch Bomben zerstört worden. Klara war nicht arm an Einfällen. Sie wandte sich an die Portiersfrau des Hauses Droysenstraße 7. Sie wußte, daß deren Mann eingezogen war und die Frau unter der Last der nun auf sie übergegangenen Aufgaben stöhnte. Sie schlug ihr vor, die vier ausgebombten jungen Männer im Keller des Hauses schlafen zu lassen. Dafür würden diese ihr das Haus heizen und ihr bei ihren Aufgaben zur Hand gehen. So geschah es. Daß die vier untergetauchte Juden waren, wußte die Portiersfrau natürlich nicht. Alle vier kamen durch. Zwar war einer von ihnen bei einer Personenkontrolle in der Straßenbahn geschnappt worden, aber er überlebte das Lager. „Wenn es mehr Menschen Ihrer Art gegeben hätte, wäre Auschwitz nicht möglich gewesen“, schrieb er Klara.

Meine Mutter und ich nutzten im Februar 1945 das Chaos des herannahenden Endes des Krieges und meldeten uns in Berlin als Flüchtlinge aus Guben, die bei der Flucht vor den Russen ihre gesamte Habe, einschließlich der Papiere, verloren hatten. Für die erste polizeiliche Anmeldung unter falschem Namen und den ebenso falschen Daten hielten wir die Unterschrift eines Freundes für vorteilhaft. Klara unterschrieb ohne Zögern, daß wir bei ihr ein Zimmer bezogen hätten. Sie fälschte auch noch die Unterschrift des Portiers, der unsere Anwesenheit im Hause hatte bestätigen müssen und dessen politische Einstellung ihr nicht geheuer war. Diese Anmeldung legalisierte unser Dasein und verhalf uns zu Lebensmittelkarten und zur Zuteilung von Kleidung, die wir uns seit Jahren nicht hatten kaufen können.
Noch in den letzten Tagen des Krieges – „die Russen waren schon in der Nähe von Berlin" – klopfte es eines Sonntagmorgens um 6 Uhr an der Wohnungstür der Grügers. Davor standen zwei Gestapobeamte in ihren grauen Ledermänteln. „Sie haben Juden versteckt", brüllten sie. Sie hätten entsprechende Informationen. Die beiden Grügers verneinten mit gespieltem Entsetzen. Glücklicherweise hatte Dr. M. die Nacht außerhalb des Hauses verbracht, in einem Zimmer, das Klara angeblich für ihr Hausmädchen gemietet hatte. Die Beamten durchsuchten alles: die Betten, die Schränke, den Keller. Inzwischen ging Klaras Mutter, die aus Schlesien vor den Russen geflohen war, auf der Straße auf und ab, um Dr. M. abzufangen, sollte er plötzlich auftauchen. Die Gestapo zog unverrichteter Dinge wieder ab.
Es ist unmöglich, alles aufzuschreiben, was Klara in jener schrecklichen Zeit getan hat, um den Menschen zu helfen, die ihren Mördern zu entkommen suchten. Ein jüdischer Pole stellte ihr nach dem Krieg eine Wohnung zur Verfügung, als er davon erfuhr, wie viele Juden ihr das Leben verdankten. „Du wurdest die Frau eines Bäckers, weil Gott wollte, daß du Juden helfen sollst", sagte nach dem Krieg der jüdische Anwalt, den sie über zwei Jahre versteckt gehalten hatte. „Nein, nein", ruft sie noch heute aus, und ihre Augen füllen sich mit Tränen. „Ich habe nicht genug

getan. Ich hätte viel mehr tun können." Und sie schüttelt den Kopf in Verzweiflung über das, was sie als ihre Unzulänglichkeit ansieht. Am 17. November 1986 wurde sie von Yad Vashem, der nationalen Gedenkstätte Israels in Jerusalem, für ihre Taten geehrt. In der „Allee der Gerechten" durfte sie einen Baum pflanzen. In Deutschland dankte ihr niemand. Statt dessen erhielt sie nach öffentlichen Auftritten Anrufe, in denen sie als Judenhure beschimpft wurde.
Aus der Verbindung mit dem jüdischen Anwalt war schließlich mehr geworden als nur eine Freundschaft. „Ja, ich habe mich ihm förmlich aufgedrängt. Von sich aus hätte er nie was mit mir angefangen", erzählt Klara ganz offen und ohne Scheu, wie es ihre Art ist. Aber das tat sie erst, als sie erfuhr, daß ihr Mann sie seit Jahren betrog. Klara wollte sicher sein, ob die Geschichten über die Untreue ihres Mannes, die man ihr zugetragen hatte, auch den Tatsachen entsprächen. In einem Brief aus dem Gefängnis gab Ernst Grüger alles zu. Das genügte ihr, und nun ließ sie ihren jüdischen Anwalt nicht mehr gehen. Sie mietete mehrere möblierte Zimmer, angeblich für ihre in Oberschlesien ausgebombten Verwandten, Mutter und Schwester. Dort schlief ab und zu der untergetauchte Anwalt, den Klara als Mitglied der Reichsfilmkammer ausgab, den wichtige Geschäfte gelegentlich nach Berlin führten. Der Meister revanchierte sich, indem er nach seiner Entlassung aus dem Gefängnis seine Freundin ganz offen ins Haus holte. Nach Ende des Krieges wurde die Ehe der Grügers geschieden. Klara heiratete den jüdischen Anwalt. Sie folgte seinem Wunsch, zum Judentum überzutreten. „Das war schwierig für mich", schließlich war sie in einer Klosterschule erzogen worden und ihr ganzes Leben eine strenggläubige Katholikin gewesen. Sie mußte Hebräisch lernen und aus dem Gebetbuch vorlesen. „Wenn ich den Faust so lesen würde wie Sie das Gebet, dann würde ich ein ganzes Jahr dazu brauchen", kommentierte der Rabbiner ihre Anstrengungen. Aber er ließ sie passieren. Dennoch, Klara gibt offen zu, daß sie den Kontakt zur Kirche nie abgebrochen hat. Die jüdische Religion hat für sie trotzdem Bedeutung. „Im Grunde

gleichen sich doch die Religionen", sagt sie und fügt hinzu: „Ich achte die Zehn Gebote und versuche, nach ihnen zu leben." Jedes Jahr zur Osterzeit fährt sie nach Israel, um dort den Sederabend[8] zu erleben, „ein Familienfest, wie ja auch an jedem Freitagabend die Familie zusammensitzt. Das mag ich. Bei den Christen gibt es das nur am Heiligabend."

„Ich bin Zionistin", erklärt Klara in einem Ton, als wollte sie die ganze Welt davon überzeugen. Seit Jahren spendet sie für Israel. Vor allem aber hilft sie den jungen Verwandten ihres Mannes beim Aufbau einer Existenz dort. Ihr Mann teilte ihre Ansichten über den Zionismus nicht. Er fühlte sich trotz allem noch immer als deutscher Jude. Dies war wohl einer der wenigen Streitpunkte zwischen den beiden. „Die Ehe war äußerst harmonisch", sagt Klara, natürlich ganz anders als mit Ernst Grüger. Klara brauchte nicht mehr zu arbeiten, hatte Hilfe im Haushalt, konnte sich gut kleiden. „Es gab immer noch genug für mich zu tun", damals nach dem Krieg, als man immer etwas „organisieren" mußte. Es war ja nichts oder nur sehr wenig auf legale Weise zu haben. Klara suchte eine Wohnung, schaffte Möbel heran, fand ein Büro für ihren Mann, der als erstes die überlebenden Juden in Berlin registrieren half. Später spezialisierte er sich als Anwalt auf Wiedergutmachungsfragen. Oft besprach er seine Fälle mit Klara, deren klaren Verstand er sehr schätzte. An der Wiedergründung der Jüdischen Gemeinde in Berlin hatte er Anteil. „Den ersten Gottesdienst nach dem Zusammenbruch des Nazireiches in der kaum beschädigten Synagoge Pestalozzistraße werde ich nie vergessen." Es war eine sehr kleine Gemeinde, die dort zusammenkam – Juden aus Mischehen, Überlebende aus den KZs, ehemalige Untergetauchte. Alle weinten." Klaras Stimme gibt die Emotion wieder, die sie wie damals auch noch heute empfindet. Aber dann ist sie wieder die alte energische Klara, als sie noch einmal bestätigt, daß es ihnen nach

8 Sederabend: An diesem Abend lesen die Juden im Kreis ihrer Familie die Geschichte des Auszugs der Kinder Israels aus Ägypten.

dem Krieg sehr gut gegangen ist, daß sie viel Zeit zum Lesen hatte und um sich zu bilden. Ihre natürliche Intelligenz machte ihr das leicht. Und dazu sicherlich auch die Anregungen ihres Mannes, der ihr aufgrund seiner Herkunft in der Bildung manches voraus hatte. Sie reisten auch viel in den 20 Jahren ihrer Ehe. Nur nach Israel wollte Dr. M. nicht fahren. Seine Haltung ist nicht so selten unter jüdischen Menschen in der Diaspora, die sich einerseits vor dem Existenzkampf in Israel fürchten, andererseits sich dort hingezogen fühlen. Schließlich gelang es ihr doch noch, ihn zu einer solchen Reise zu überreden. Erst an Ort und Stelle offenbarte er ihr, daß er Verwandte in Israel hatte. Zögerlich stellte er auf Klaras Drängen den Kontakt her. „Die Verwandten, die in Beth Jizchak nahe Natanja eine Landwirtschaft aufgebaut haben, empfingen uns so nett und herzlich." Für jeden Israeli ist ein nach dem Morden wiedergefundener Verwandter ein Grund zu überschäumender Freude.

Klaras Mann starb 1967 nach einem Schlaganfall. Und nun ist es seine Familie in Israel, die Klara Halt und Freude am Leben gibt. „Sie ist eigentlich noch viel mehr als ein normales Mitglied der Familie", sagt Erika Lazarus, eine Kusine von Klaras Mann, bei der Klara seither jedes Jahr längere Zeit zu Gast ist. „Sie ist für mich eine zuverlässige Freundin, weil sie so ehrlich und offen ist. So empfinden wir es alle." Frau Lazarus fügt noch ein Wort der Bewunderung hinzu für das, was Klara unter Einsatz ihres Lebens „damals" getan hat. Selbst die Kinder der Familie, die sich aus Mangel an deutschen Sprachkenntnissen kaum mit Klara unterhalten können, verehren diese Frau, fühlen deutlich, wie ehrlich Klara es mit ihrer Liebe und Hingabe für sie alle und für den Staat Israel meint. Man macht gemeinsam Ferien, hält sich über Geschehnisse in der Familie und im Lande per Telefon auf dem laufenden und hat keine Geheimnisse voreinander. Auch nicht, daß Klara häufig im Kasino mit dem Glück spielt. Womöglich ein Überbleibsel aus jener Zeit, in der sie das Schicksal von Menschen zu bestimmen suchte und so oft gewann.

*

Nach dem Krieg verlor ich Klara aus den Augen. Ein Jahr nach der Befreiung war ich nach England ausgewandert. Bei meinem ersten Besuch in Berlin nach mehreren Jahren suchte ich sie alle auf, die mir in jener schrecklichen Zeit geholfen hatten. Klara fand ich nicht. Die Bäckerei in der Droysenstraße existierte nicht mehr. Keiner von den Nachbarn konnte mir sagen, was aus Klara geworden war. Auch das Telefonbuch gab nichts her. Ich gab die Suche schließlich auf.

Viele Jahre später, es muß 1985 gewesen sein, rief mich in meiner Wohnung in Tel Aviv eine Familie aus Beth Jizchak an. Sie hätten einen Gast, der mich unbedingt sprechen wollte. Es war Klara. Ich konnte nicht wissen, daß sie den von ihr versteckten Anwalt geheiratet hatte. Wegen der Änderung des Namens war sie für mich nicht auffindbar gewesen.

Einige Wochen zuvor hatte Klaras Neffe, Lehrer an einer Berliner Schule, mit den Schülern mein Buch „Ich trug den gelben Stern" gelesen. Zu seiner Überraschung fand er darin den Namen seiner Tante erwähnt als eine, die uns und anderen Juden in aufopfernder Weise geholfen hatte. Zu Hause bat er, seiner Familie etwas vorlesen zu dürfen. Klara war zufällig zu Besuch und auch Gerdi Kaplan, eine Kusine ihres Mannes aus Jerusalem. Es war totenstill, als er las. Als er geendet hatte, war keiner der Anwesenden in der Lage zu sprechen. Die Erinnerung hatte sie alle eingeholt. Erst langsam löste sich die Spannung. Die Verwandte aus Jerusalem kannte meinen Namen als Journalistin einer israelischen Zeitung. Nach ihrer Rückkehr nach Israel stellte sie den Kontakt zu mir her. Die Erinnerung an jene Zeit hat Klara und mich wieder zusammengebracht, ganz ohne Entfremdung, die sich in 40 Jahren hätte aufbauen können.

Wally

Viele Jahre ließ Wally keinen ihrer männlichen Bewunderer im Zweifel, sie sei gebunden und könne keine ernsthafte Liaison eingehen. So hatte sie es ihrem Hans versprochen, der, weil er Jude war, noch kurz vor Ausbruch des Zweiten Weltkrieges nach England floh. Sie würden aufeinander warten, so wie sie es schon etliche Jahre zuvor getan hatten. Denn von dem Tage an, an dem die beiden beschlossen hatten, ihr Leben gemeinsam zu verbringen, war ihnen das Heiraten untersagt worden, zuerst von den Müttern, dann von den Gesetzen. Doch die Umstände ließen auch eine spätere Heirat nicht zu.

Wally Kästner ist zusammen mit einer Zwillingsschwester 1902 in einer Kaserne in Prenzlau auf die Welt gekommen. Fast möchte man meinen, die noch heute aufrechte Statur der 94jährigen gäbe diese Herkunft preis. Der Vater war Vizefeldwebel in der kaiserlichen Infanterie, als Wally und die stets kränkelnde Lucy geboren wurden. Wally galt als die ältere der beiden. Und damit wurde sie schließlich auch als die Älteste der vier Kinder angesehen, die Vater Johann Gottlieb und Mutter Agnes Martha in die Welt setzten. „Immer kriegte ich Dresche, auch für die anderen, eben weil ich die Älteste war und damit auch eine gewisse Verantwortung für die Geschwister zu übernehmen hatte." Wally schmunzelt ein bißchen wehmütig in der Erinnerung. Mag sein, daß sie gerade dadurch das Lachen erlernte, das Lachen über die Ungerechtigkeiten des Lebens, ihres Lebens. Ihr Gesicht ist von den Leiden des Alters gezeichnet. Das überspielt sie mit Anflügen von Heiterkeit. Sie wechselt aber auch schnell in einen Ausdruck des Entsetzens über die heutige Zeit, die ihr so viel grausamer erscheint als früher. Ihre Schwerhörigkeit läßt eine Diskussion nicht zu. Ihre blauen Augen, die einst so viel Wärme ausstrahlten, spiegeln ihre Müdigkeit wider.

Der Vater war ein „Zwölfender". So nannte man damals Soldaten, die sich für zwölf Jahre zum Dienst in der kaiserlichen Armee verpflichtet und danach einen Anspruch auf eine

Anstellung als Beamter in einer staatlichen oder städtischen Dienststelle hatten. Und so zog die Familie Kästner nach Abschluß des Wehrdienstes des Vaters im Jahre 1904 nach Berlin um. Dem Vater war die Stelle des Hausmeisters in der 32. Gemeindeschule für Mädchen, Pankstraße 47, im Bezirk Wedding angeboten worden. Sie hatte den Vorteil, mit einer Dienstwohnung verbunden zu sein. Eine Souterrainwohnung zwar, aber das störte die Kästners nicht. Sie war geräumig genug für die sechsköpfige Familie. Die Kinder hatten dort ihren Spaß. Der Schulhof bot ungeheure Möglichkeiten zum Spielen. Wallys jüngerer Bruder Martin, 1905 in dieser ältesten Schule des Bezirks geboren, liebte es, am Fenster zu sitzen, das zur Hälfte unterhalb der Straße lag, und ungesehen die Beine der Vorübergehenden zu „studieren". Wem sie wohl gehörten, diese oder jene Beine, wurde schließlich zum Gesellschaftsspiel der Kinder, das meist durch das Schuhwerk des Betreffenden entschieden wurde. Diese Schule dient übrigens heute als Heimatmuseum, wo man über den einst „roten" Wedding referiert und das Kastenklo der Familie Kästner zum Denkmal erhoben hat. Auch den Holzbottich gibt es noch, in dem an jedem Sonnabend die Familienmitglieder nacheinander ihr Bad nahmen und die Mutter im Herbst Pflaumenmus kochte.
Der Vater ging sonntags regelmäßig in die Kirche, erzählt Wally und betont die starke Bindung der Familie an die evangelische Religion. So sei auch sie konfirmiert worden. Mutter blieb zum Kochen zu Hause. „Bei schönem Wetter ging Vater nach dem Kirchgang mit uns Kindern zu Fuß nach Pankow." Das Ziel war ein Restaurant, in dem Familien Kaffee kochen konnten. Nach altem Berliner Brauch lieferte das Restaurant das kochende Wasser und das Geschirr. Den Kaffee und den Kuchen brachte die Mutter mit, die mit dem Sechser-Omnibus[1] nachkam. „Wir waren eine sehr harmonische Familie." Wally besteht darauf, obwohl sie zugibt, daß die Kinder sehr streng erzogen wurden und wenig Freiheit hatten. „Aber das war damals nun mal so", verteidigt

1 So genannt, weil der Fahrpreis 5 Pf. betrug. Die Berliner sagten dazu „Sechser".

sie ihre Familie. Höhepunkte ihrer Kindheit waren, „wenn der Kaiser mit Tschingderassabum Unter den Linden eine Parade abnahm". Die Kästner-Kinder rannten hin, winkten begeistert und schrien hurra.
Doch das gute Leben der Familie Kästner hatte ein jähes Ende. Es war das Jahr 1918. Der Krieg war aus. Eine schwere Grippeepidemie grassierte unter den durch den Krieg so schlecht ernährten Menschen. „Es gab immer nur Kohlrüben, Kohlrüben, nichts als Kohlrüben", erinnert sich Wally. Viele Menschen starben an dieser Krankheit. So auch Vater Kästner. Jahrelang war er zuckerkrank gewesen. Als die Grippe ihn erwischte, hatte er nicht die Kraft, ihr Widerstand entgegenzusetzen. Nach drei Tagen starb er.
Der plötzliche Tod des Vaters brachte Veränderungen im Leben der Familie mit sich. Zunächst übernahm die Mutter noch die Aufgaben des Vaters: Kohleschippen, Heizen, Treppenreinigen. Die Kinder mußten ihr helfen. Mittags, nach Schulschluß, sammelten sie das weggeworfene Stullenpapier ein, lüfteten die Klassenzimmer und wischten Staub. Des Abends mußten sie dafür sorgen, daß die Fenster im ganzen Schulhaus geschlossen waren. Im Winter war es dann schon stockdunkel im Haus. Das Gaslicht war längst abgestellt. „Unheimlich war's", so Wally. „Mein Bruder Martin nahm Vaters Säbel auf den Rundgang mit und vom Rektor die Fechtwaffe aus dessen Studentenzeit."
Doch es war damals nicht üblich, daß eine Frau die Arbeit eines Hausmeisters versah. Die Stadt kündigte der Witwe Kästner. Damit verlor die Familie nicht nur ihr Einkommen, sondern auch das Wohnrecht in der Schule. Die Mutter war verzweifelt, denn Wohnungen waren knapp und teuer. Eines Tages berichteten ihr Nachbarn, daß am nahen Brunnenplatz eine Vierzimmerwohnung frei würde. Als der Hausbesitzer von der Notlage der Familie hörte, gab er sie den Kästners, obwohl andere Interessenten vor ihnen ihren Anspruch geltend gemacht hatten. Im Grunde war die Wohnung viel zu groß für das Budget der Mutter. Die Stadt zahlte ihr nur eine sehr kleine Rente, die ohnehin nicht ausreichte, um den bisherigen Lebensstil der Familie aufrecht-

erhalten zu können. Die Mutter beschloß, zwei der vier Zimmer zu vermieten. Für die vier Kinder und sie selbst mußten die übrigen zwei Zimmer genügen. Zu allem Überfluß hatte die neue Wohnung Wanzen. Eine Plage, die im alten Berlin nicht selten war. „Macht nischt", habe die Mutter gesagt, „ich hab' keine Wahl."

Die beiden Mädchen, Wally und Lucy, mußten nach des Vaters Tod ihre Ausbildung an der Handelsschule, die ihnen die Großmutter finanziert hatte, abbrechen, um zum Lebensunterhalt der Familie beizutragen. „Mutter ging für uns auf Stellensuche." In der Glühlampenfabrik von Bergmann wurde Wally als Werkstattschreiberin angestellt. Sie saß in einer Art Glaskasten und nahm die Papiere entgegen, auf denen die Arbeiter ihre Produktionszahlen eingetragen hatten. „Sechzig Mark war der Monatslohn für zehn Stunden Arbeit täglich." Aber eines Tages entschied die Mutter, daß sie ihre Tätigkeit bei der Firma Bergmann zu beenden hätte. Sie wisse, daß die „Post" Leute suchte, sie besser bezahlte als die Firma Bergmann und obendrein noch eine Rente fürs Alter in Aussicht stellte. „Mutter war eine praktische Frau und hatte das alles wohlbedacht", sagt Wally. Sie selber, gerade 17 Jahre alt, war viel zu unerfahren, um etwas dagegen einwenden zu können.

„Die Arbeit bei der Post stellte sich als sehr interessant heraus." Nach einer kurzen Ausbildung wurde Wally zunächst im einzigen Telegrafenamt Berlins, in der Oranienburger Straße, eingesetzt. Diese Arbeit an der Nachrichtenübermittlung war früher ausschließlich Männern vorbehalten gewesen. Aber noch waren viele von ihnen in Kriegsgefangenschaft. Eine der Bedingungen für die Anstellung war, daß man gut und leserlich schreiben konnte. „Deutsch[2] 1 natürlich", erklärt Wally. Das Telegrafenamt war gerade neu eingerichtet worden und galt als das modernste jener Tage. Zehn Stunden täglich saß Wally mit Kopfhörern an ihrem Platz und tippte in die Schreibmaschine, was ihr jemand

2 Deutsche Schrift = Sütterlinschrift. Sütterlin (1865–1917) vereinheitlichte im Auftrag des deutschen Kultusministeriums die deutsche Schreibschrift.

durchsagte. Sobald das Band, auf das sie die Nachrichten schrieb, zehn Telegramme enthielt, rollte es sich auf und wurde zur Verteilung nach Frankfurt weitergeleitet. Telegramme, die für eine Berliner Adresse bestimmt waren, mußten mit der Hand aufgenommen werden. Sie gingen an eine Beamtin weiter, die die Gebühren festsetzte und für die Weiterleitung sorgte. „Die Arbeit war anstrengend, weil man stets konzentriert sein mußte." Und das hatte besonders des Nachts seine Tücken. Bald aber nahmen Männer diese Arbeitsplätze wieder ein. Wally wurde ins Telefonamt versetzt, das gleich neben dem Telegrafenamt gelegen war. Nun war sie das „Fräulein vom Amt". Vor ihr stand eine Art kleiner Schrank, der mit Lämpchen ausgestattet war, die aufleuchteten, wenn jemand in seiner Wohnung, die zu ihrem Bezirk gehörte, das Telefon aufnahm.

„Amt Norden, Sie wünschen?" fragte Wally. Mit Hilfe von Stöpseln verband sie den Anrufer mit dem Amt, in dem die Nummer, die sie über ihre Kopfhörer durchgesagt bekam, zu finden sein mußte. Aber auch das war keine leichte Aufgabe. Da saßen so viele Frauen in einem großen Saal, die die gleiche Arbeit machten. Alle schrien durcheinander. Es war laut und schrecklich heiß. Fast möchte man meinen, Wallys heutige Schwerhörigkeit, für die es keine Abhilfe gibt, ist wie eine verspätete Auflehnung gegen den Lärm im Telegrafenamt jener Tage. „Ach, wir hatten auch viel Spaß", sagt sie sehr ehrlich. „Da riefen Männer an, die die Bekanntschaft eines Mädchens machen wollten. ‚Können wir uns nicht mal treffen? Sie haben eine so schöne Stimme.'" Über Wallys Gesicht huscht ein Schmunzeln. „Klar", sagt sie im Ausdruck und Tonfall der selbstbewußten Berlinerin, „die verscheißerten wir." Des Nachts hörte sie auch manchmal, wenn Männer einen Puff anriefen. Sie konnte mithören, denn sie mußte doch des öfteren fragen: „Sprechen Sie noch?" „Ich hörte tolle Sachen, die ich meist gar nicht verstand", lacht sie.

Sie selber war damals noch gar nicht an Männern interessiert. Sie tanzte allerdings für ihr Leben gern. „Mutter erlaubte uns, Jungs in die Wohnung einzuladen." Sie tanz-

ten dann miteinander nach den Klängen eines Grammophons. Die Mutter wollte nicht, daß ihre Mädels, kaum 20 Jahre alt, zum Tanzen in ein Lokal gingen. Die Bedingung war, daß jeder, der die Einladung zu Kästners annahm, etwas zum Trinken und zum Essen mitbrachte. Das war damals in der schweren Zeit der Inflation ganz selbstverständlich. Kästners hatten zwar mehr zu essen als manch andere Berliner. Die Großeltern in Prenzlau besaßen nämlich eine Gaststätte und durften selber schlachten. Da fiel für die Berliner Familie immer etwas ab. Und was die noch erübrigen konnte, verkaufte Wally an ihre Kolleginnen im Amt und erhöhte so das Haushaltsgeld.
Es blieb nicht aus, daß die heranwachsende Wally später doch ausging. „Schwofen", wie sie es nennt. „Am Hackeschen Markt – oder war's am Potsdamer Platz? – gab es so schöne Tanzlokale", erinnert sie sich. „Ich bin oft angesprochen worden. Wohl meiner schönen Beine wegen", lacht sie. Sie wußte, daß ihre Größe oft hinderlich war. „Männer mögen es nicht, zu einer Frau aufgucken zu müssen." Ach ja, manchmal hatte sie auch auf dem Tisch getanzt zur Freude aller übrigen Gäste. „Ich war immer fröhlich und liebte das Leben." Energisch wehrt sie die Frage ab, ob man auch Alkohol trank. Das kam gar nicht in Frage, entrüstet sie sich. „Alkohol war bei uns verpönt." Man sah so viele Betrunkene in jenen Tagen, die sich aus Verzweiflung über ihre Notlage „vollaufen" ließen. „Das war abschreckend."
Und sie war auch unternehmungslustig, reiste viel. Dafur sparte sie das ganze Jahr. Sie wollte die Welt sehen. Einmal fuhr sie auf einem kleinen Schiff nach Nordafrika, 3. Klasse, im Schlafsaal mit 30 Personen zusammen. Da sie, anders als ihre verheirateten Kollegen, im Winter Urlaub nehmen mußte, war es zeitweise stürmisch auf See. „Die Menschen wurden seekrank, es war heiß und stickig und stank im untersten Deck im Bauch des kleinen Schiffes." Aber dann wurde sie dafür entschädigt. Sie sah eine andere Welt als die, die sie von Europa her kannte. „Alles war fremd, aber doch so interessant." Wallys Augen machen den Eindruck, als gaukelten sie sich das noch einmal vor, was sie vor über

60 Jahren sah. Diese Erfahrung prägte wohl auch ihre Haltung zu Menschen, zu Menschen mit anderen Gewohnheiten, anderer Hautfarbe, anderen Religionen. Die Bekanntschaft mit Walter Rieck vertiefte diese Einstellung. Rieck war Rektor einer weltlichen Schule[3] in Wedding, geschieden und lebte eine Zeitlang als Untermieter bei den Kästners. Er war Sozialdemokrat und brachte die Politik in Wallys Leben. Zuvor hatte sie nie darüber nachgedacht. Nach der Abdankung des Kaisers war Deutschland in eine Demokratie umgewandelt worden. Das hatte viel Unruhe mit sich gebracht. Politische Parteien waren wie Pilze aus dem Boden geschossen und bekämpften einander. Die wirtschaftliche Lage Deutschlands als Folge des verlorenen Krieges war katastrophal. Es gab mehrere Millionen Arbeitslose. Die jungen Kästners versuchten, die Not zu ignorieren. Sie gingen tanzen. Zu vieren. Walter Rieck, der genauso groß und stattlich war wie Wally, der Lehrer Stiller, der ebenfalls im Hause wohnte, und die beiden Schwestern Lucy und Wally. Dagegen hatte Mutter Kästner nichts einzuwenden. Es blieb auch bei dieser Freundschaft. Zwar heiratete Walter bald die Mutter einer Schülerin und zog wieder aus. Aber das änderte nichts an den freundschaftlichen Beziehungen, die Walter Rieck, seine Familie und Wally Kästner ein ganzes Leben lang verbanden. Rieck hatte es verstanden, Wally die politischen Zusammenhänge klarzumachen, ihr ihre eigene Lage zu erklären, die bedingte, daß sie um ihre Rechte kämpfen mußte.
Doch dann trat Hans Lewin in ihr Leben. „Ganz zufällig war's." Sie trank eine Tasse Kaffee in der Konditorei Dobrin am Hackeschen Markt. Hans Lewin saß am Nebentisch. Ihre Augen trafen sich ab und zu. Schließlich bat Hans, an Wallys Tisch Platz nehmen zu dürfen. Sie unterhielten sich. Sie trafen sich wieder. Sie verliebten sich ineinander. Beide waren 26 Jahre alt. Hans war einen Kopf kleiner als die hochgewachsene Wally. Er war Vertreter für Pullover und

---

3 Weltliche Schule = Schultyp der zwanziger Jahre, konfessionslos, Koedukation, fortschrittliche Lehrmethoden.

viel auf Reisen. Eigentlich hatte er Rechtsanwalt werden wollen. Aber sein Vater war früh gestorben. Wie Wally mußte auch er so schnell wie möglich zum Lebensunterhalt der Familie beitragen. Die Familie von Hans stammte aus dem schlesischen Mislowitz und hatte für Deutschland optiert. So waren die Lewins schließlich nach Berlin gekommen. Wally sah ihren Hans meist am Wochenende. Er besaß ein Boot auf dem Scharmützelsee. „Im Sommer raste ich an jedem Sonnabendnachmittag am Ende der Schicht zum Bahnhof Friedrichstraße, um gemeinsam mit Hans nach draußen zu fahren." Die Kolleginnen sprangen, wenn nötig, für sie ein, damit sie sich nicht verspätete. Sie verbrachten das Wochenende auf dem Boot.

Ja, natürlich wußte sie, daß Hans Jude war. „Erst in der Nazizeit stellten wir fest, wie viele jüdische Bekannte wir hatten." Zuvor hatte sich niemand darum gekümmert. „Unser Arzt, unser Hauswirt ... alles wunderbare Menschen", die der Familie Kästner beigestanden hatten, als der Vater so plötzlich starb. Fleischermeister Simon hatte der Mutter die Wohnung vermietet, zu einer Zeit, als bezahlbare Wohnungen schwer zu haben waren. Der Arzt Dr. Ackermann war als Untermieter bei ihnen eingezogen und behandelte die Familie kostenlos. Für das junge Mädchen war es noch wichtiger, daß er ihnen erlaubte, sein Telefon zu benutzen. „Was tut das zur Sache, daß diese Menschen eine andere Religion hatten?" Aber bald mußte Wally feststellen, wie bedeutsam das war. Die Mutter von Hans mochte Wally, das junge Mädchen, das so offen, unkompliziert und immer vergnügt war. Aber ihren Hans heiraten? Nein, das wollte die Mutter nicht zulassen. Wally war schließlich keine Jüdin, sie selber streng gläubig. Hans war ein guter Sohn, der seine Mutter nicht enttäuschen wollte. Er schlug vor, das Heiraten vorerst zu unterlassen und abzuwarten. Wally stimmte zu. Sie liebte ihren Hans viel zu sehr.

Aber auch Wallys Mutter war nicht glücklich über diese Verbindung. Einen Juden in ihrer Familie, die so sehr an die Kirche gebunden war? Als die Nazis 1933 die Macht übernahmen, begann die Angst im Hause Kästner einzuziehen.

Ja, man war ehrlich genug einzugestehen, daß man den Hans Lewin auch gern hatte. Aber jetzt gehörte er doch zu denen, die den neuen Herren nicht genehm waren. „Nein, nein, meine Familie war nie Nazi." Wally schreit es fast heraus. „Sie hatten nur furchtbare Angst." Man bat sie, den Hans nicht mehr nach Hause mitzubringen. Überhaupt, es wäre doch besser, wenn Wally die Verbindung löste. Wally reagierte nicht. Nun trafen sich die beiden nur noch heimlich. Hans pflegte Wally in ihrer Dienststelle anzurufen und ein Treffen mit ihr zu verabreden. An einer bestimmten Stelle würde er im Auto auf sie warten. Wally sollte dann dort zusteigen. Sie guckte nach links, sie guckte nach rechts. Ob man sie vielleicht beobachtete. Dann schlüpfte sie so schnell sie konnte in den Wagen. Die Tür hatte Hans bereits von innen geöffnet. Sie küßten sich, wieder und wieder. Wally weinte. Sie fuhren um den Block, einmal, zweimal, dreimal. Dann trennten sie sich. Wieder durfte niemand sehen, wie sie aus dem Auto stieg. Auch die Tränen mußten getrocknet sein. „Mutter durfte nicht wissen, daß ich mich mit Hans getroffen hatte." Aber sie ahnte es wohl. Eines Tages fuhr sie sogar zur Mutter von Hans und bat sie inständig, ihr Sohn möge doch die Wally in Ruhe lassen. Natürlich, meinte die Mutter. Sie teilte diese Meinung, allerdings aus anderen Gründen.
Aber nichts half. Die Mütter waren machtlos. „Wir sagten uns, irgendwann wird dieser Wahnsinn doch ein Ende haben. Und dann, dann heiraten wir." Aber dieser Wahnsinn dauerte an, wurde schlimmer, aggressiver. Im Postscheckamt, in das sie versetzt worden war, wurde Wally von Zeit zu Zeit zu einer „Unterredung" gebeten. Weshalb sie nicht in die NSDAP eintrete, weshalb sie nicht an Schulungsabenden der Partei teilnehme, weshalb sie nicht Mitglied der „Arbeitsfront" würde. Sie erfand alle möglichen Ausreden. Meist führte sie die Mutter an, um die sie sich kümmern mußte. Sie sei unpäßlich, krank, hilflos. „Ich habe nie die Hand zum Hitlergruß gehoben." Kam einer der Vorgesetzten vorbei, mußte sie sich just in diesem Moment die Nase putzen, so daß ihre Hand zum Gruß nicht frei war.

Kein Wunder, daß sie nie befördert wurde. Zu Hause wurde sie bedrängt: „Lass' den Hans laufen." Lucy, ihre Zwillingsschwester, hatte einen Beamten aus Hermann Görings Reichsluftfahrtministerium geheiratet. Sie erkrankte an Gürtelrose. „Siehst du, das kommt von der Angst", sagten sie zu Wally.

Im September 1935 erließen die Nazis die Nürnberger Rassegesetze. Die Verbindung eines Juden mit einer Nichtjüdin wurde zur Rassenschande erklärt. Und der Jude mit Gefängnis und KZ bestraft. Die nichtjüdischen Frauen einer solchen Verbindung wurden öffentlich gebrandmarkt. In den Zeitungen erschienen ihre Fotos mit entsprechenden Unterschriften im Nazijargon. Nun sahen sich Hans und Wally wirklich nicht mehr. Es war zu gefährlich geworden. Sie schrieben einander. „Tante Anna", die nichtjüdische Ehefrau eines Onkels von Hans, übernahm die heimliche Übermittlung der Briefe. Eines Tages schrieb Hans, daß er seine Auswanderung nach England vorbereitete. Aber sie sollte sich deswegen nicht grämen, denn er wollte, daß sie ihm nach England folgen sollte, sobald er dort Fuß gefaßt hätte. Ja, das wollte Wally auch. Sie begann, Englisch zu lernen. „Mutter durfte davon nichts wissen." Sie sagte ihr immer, sie ginge ins Kino. In Wahrheit aber besuchte sie die Berlitz-Sprachenschule. Die Mutter glaubte ihr nicht so recht. „Wie oft du jetzt immer ins Kino gehst ...", wunderte sie sich.

Wie so viele Männer jüdischen Glaubens wurde auch Hans Lewin in der Pogromnacht vom 9. zum 10. November 1938[4] verhaftet und in das Konzentrationslager Sachsenhausen eingewiesen. Tante Anna rief bei Wally im Amt an: „Hans ist sehr schwer erkrankt." Wally verstand sofort. Es war ihr schließlich nicht entgangen, was die Nazis in jenen Tagen gegen Juden unternahmen. „Es waren furchtbare Tage." Sie konnte sich niemandem anvertrauen. In der Familie machte man zwar empörte Bemerkungen über die Ver-

---

4 Am 9. November 1938 organisierten die Nazis das erste Pogrom in Deutschland, angeblich als „Strafe" für den Mord eines Juden an einem deutschen Diplomaten in Paris, der sich für die Vertreibung seiner Familie aus Berlin rächen wollte.

wüstungen, die die Nazis angerichtet hatten. „Sieh dir nur an, Wally, wie es am Hausvogteiplatz[5] aussieht." Wallys Bruder konnte sich über die zerstörten Geschäfte, die Juden gehörten, nicht beruhigen. Einer Verordnung entsprechend hatten Juden an den Schaufenstern ihrer Geschäfte ihren vollen Namen einschließlich des Zusatznamens „Israel" oder „Sara" in weißer Ölfarbe anbringen müssen.[6] Es war daher leicht für die Nazis, sie auszumachen. Wally verriet sich mit keinem Wort. Sie weiß heute nicht mehr, wie lange die Qual gedauert hat. In der Erinnerung scheint es ihr eine Ewigkeit gewesen zu sein. Dann bekam sie plötzlich wieder Nachricht von Tante Anna. „Weißt du schon, Hans ist aus dem Krankenhaus entlassen worden. Er ist wieder gesund." Hans gehörte zu jenen jüdischen Männern, die aus dem KZ wieder entlassen wurden, weil sie glaubhaft nachweisen konnten, daß sie ihre Auswanderung vorbereiteten, etwa durch den Besitz eines Visums oder die Bereitstellung von Kautionen zur Einwanderung in ein fremdes Land. Ein paar Tage danach fuhr Wally zum Dienst. Am Bahnhof Friedrichstraße sah sie auf der anderen Straßenseite einen Mann, der wie zerbrochen wirkte. Er ging gebeugt, als wagte er nicht, hochzugucken, sein Kopf war kahlgeschoren, sein Gang schleppend. Sie starrte hinter ihm her. Den Bewegungen nach mußte es Hans sein, ihr Hans. Sie drehte sich um, lief schneller, hastete über den Damm, überholte ihn, wandte sich ihm zu, wollte, daß auch er sie wenigstens bemerkte. Sprechen durften sie natürlich nicht miteinander. „So war es denn auch, er sah mich", sagt Wally wie abwesend. „Seine Augen leuchteten, so schien es mir wenigstens, einen kurzen Moment bloß." Und dann war es, als kehrte Hans zurück zu den Qualen der Tage zuvor. Es sollte das letzte Mal sein, daß sie einander wenigstens einen Blick zuwerfen konnten.

---

5 Konfektionsviertel.

6 Laut Gesetz vom 18. 8. 1938 erhielten alle männlichen Juden den Zusatznamen „Israel", die weiblichen den Zusatznamen „Sara", den sie auf allen Ausweisen, Dokumenten usw. aufführen mußten. „Zuwiderhandlungen" wurden bestraft.

Hans schrieb ihr noch mehrmals, bevor er auswanderte, und später auch noch aus London. Und in jedem Brief sprach er immer wieder die Hoffnung aus, daß sie einander bald wiedersehen würden. Aber am 1. September 1939 brach der Zweite Weltkrieg aus. „Ich war verzweifelt. Ich ahnte, daß wir nun lange Zeit getrennt sein würden." Aber dann tröstete sie sich: sie hatten sich ja versprochen, aufeinander zu warten. Sie würde sich daran halten, und sie war ganz sicher, daß auch er sein Versprechen nie vergessen würde.

Der Krieg änderte zunächst kaum etwas in ihrem Leben. Da Bruder Martin Fleischer von Beruf war und einen Laden in ihrem Wohnhaus hatte, kannte die Familie Kästner keine Versorgungsschwierigkeiten. Wally arbeitete im Postscheckamt in der Dernburgstraße (die in Gustloffstraße umbenannt wurde[7]), war beamtet und, wie viele Männer meinten, eine gute Partie. „Nein, nein, ich kann keine Verbindung eingehen, ich bin verlobt", sagte sie denen, die ihr zu nahe kamen. Im Hause Kästner glaubte man zwar fest daran, daß Wally den Hans eines Tages vergessen würde. Bei der Familie Rieck fühlte sie sich heimisch. Dort konnte sie über ihren Hans sprechen. Die Riecks waren Gegner der Nazis geblieben, halfen Juden, darunter auch uns. Wally freundete sich ganz besonders mit Walter Riecks Schwägerin an. Lisa Holländer war Witwe. Ihren jüdischen Mann hatten die Nazis in einem KZ erschlagen. Sie erhielt eines Tages seine blutbefleckten Hosen zugeschickt, mit dem Vermerk, ihr Mann Paul Holländer sei an einem Herzversagen gestorben, und eine Rechnung über die Bestattungskosten. Die beiden Frauen wurden Freundinnen. Als meine Mutter und ich uns verstecken mußten, um den Deportationen zu entgehen, halfen sie alle: die Riecks, Lisa Holländer und auch Wally. Zwar konnte sie uns nicht aufnehmen. Sie lebte mit ihrer Mutter zusammen, die Geschwister waren alle verheiratet, in einer Einzimmerwohnung in Wedding.

---

7 Wilhelm Gustloff war Vorsitzender der NSDAP in der Schweiz. Er wurde 1936 von David Frankfurter in Davos erschossen.

„Mutter versuchte immer wieder, mich zum Heiraten zu bewegen." Anwärter gab es genug. Aber Wally hatte immer eine Ausrede. Mal gab sie an, der betreffende Mann hätte schlechte Manieren, oder er wäre nicht ihr Typ, oder er wäre ein überzeugter Nazi. Sie fühlte sich ganz fest an Hans Lewin gebunden. Sein Foto stand den ganzen Krieg über auf ihrem Nachttisch.

Wenn Wally uns in einem unserer Verstecke besuchte, brachte sie meist Bratwürste mit, eine Delikatesse für uns in jenen Jahren, in denen wir ohne Lebensmittelkarten auf die Gaben unserer Freunde angewiesen waren. Wally hatte sie aus dem Laden ihres Bruders entwendet. Sie hatte lange darüber nachgedacht, wie sie uns berichtete, ob sie ihrer Familie oder wenigstens ihrem Bruder, dem Fleischer, von uns erzählen sollte, um ihn zu Hilfeleistungen für uns zu bewegen. Sie wußte einfach nicht, wie er reagieren würde. Und darum beschloß sie schließlich, es nicht zu tun, ihn einfach zu bestehlen. „Bratwürste stahlen sich einfacher als Fleisch"; Wally schmunzelt in der Erinnerung. „Und überhaupt, man bekam sie für die Hälfte des Wertes der Fleischmarke. Der Verlust für meinen Bruder war also nicht so groß." Und wir, die wir jede Gelegenheit wahrnahmen zum Lachen, nannten sie „die Bratwurstwally". Sie lachte mit uns. Aber wieder ruft sie beschwörend aus: „Nein, nein, meine Familie war nicht Nazi und sie hatten auch nichts gegen Juden!" Sie hatten Angst, schlichtweg Angst. Das Wort Konzentrationslager war schließlich kein Kinderschreck. Und sie erinnert an die verängstigte Haltung ihrer Mutter, als sie schon 1933 Wally drängte, den Hans fallenzulassen. „Ja, sie war nicht anders als die meisten Deutschen. Das Wort Mut war ihnen fremd geworden", sagt Wally mit großer Nachdenklichkeit.

Als der Krieg endlich zu Ende war, wartete Wally auf ein Lebenszeichen von Hans. Sie wartete mit großer Ungeduld. Wo war Hans? Warum ließ er nichts von sich hören? Lebte er vielleicht nicht mehr? Es dauerte viele Monate nach dem Krieg, bis die Postverbindungen zwischen den ehemaligen Feindstaaten wiederhergestellt waren. Als meine Mutter und ich im August 1946 nach England einreisen durften, schrieben wir ihm in Wallys Auftrag, daß sie lebte, ihn weiter liebhatte und sehnsüchtig auf Nachricht wartete. Aber die kam nicht, nicht einmal eine Bestätigung unseres Briefes. Schließlich hielt Wally es nicht mehr aus. Sie schrieb an die Schwester von Hans, mit der sie zu jener Zeit befreundet gewesen war. Und nun wurde es offenbar: Hans hatte geheiratet. „Er wollte versorgt sein." So schrieb es seine Schwester. Wally fügt fast entschuldigend hinzu: „Wir waren ja sieben Jahre getrennt." Aber dann sagt sie ehrlich, und die alten, rotgeränderten Augen füllen sich mit Tränen: „Es war ein schwerer Schlag für mich."

Die Schwester von Hans lud Wally nach England ein. Sie fuhr auch hin. Warum? Darauf weiß sie keine Antwort. Vielleicht, um es glauben zu können, daß Hans, ihr Hans, an den sie sich allen Widerständen zum Trotz jahrelang fest gebunden gefühlt hatte, ihr nun nicht mehr gehörte. Ja, sie trafen sich einmal in London. Aber sie ist nicht bereit, mehr dazu zu sagen. Sie legt ihre großen faltigen Hände ausgestreckt vor sich hin auf den Tisch, als wolle sie sich stark machen. Dann sagt sie nur noch mit leiser Stimme: „Ich bin sehr traurig, daß ich allein geblieben bin."

Emma Gumz

Emma Gumz hatte die Idee: „Wir werden Sie verstecken!" Ihr seien Berichte zu Ohren gekommen, so vertraute sie meiner Mutter im November 1942 an, die Nazis deportierten alle Juden nach Polen, um sie dort umzubringen. Sie wollte meine Mutter und mich unbedingt vor diesem Schicksal bewahren. Mit ihrem Mann sei das schon abgesprochen. Ihnen wäre das eine Herzenssache, beteuerte sie auf die Frage, ob sie wohl die für sie selbst damit verbundenen Gefahren bedacht hätte. So einfach sagte sie das, und so einfach war auch ihr Art zu denken und zu handeln.

Wir waren im Herbst 1933 aus dem Bezirk Prenzlauer Berg fortgezogen, weil meine Eltern dort als Sozialdemokraten und Juden bekannt waren. Es gab hinreichend Gründe, um für unsere Sicherheit zu fürchten. In der Gegend um die Uhlandstraße kannte uns niemand. Dort bezogen wir eine sehr viel kleinere Wohnung, denn wir konnten unseren bisherigen Lebensstandard nicht aufrechterhalten. Die Nazis hatten meinen Vater bereits im April 1933 zum „Staatsfeind" erklärt und ihn aus seinem geliebten Beruf als Lehrer entlassen. Nun reichte es auch nicht mehr zu einer Haushaltshilfe. Meine Mutter suchte im Telefonbuch nach einer Wäscherei, die unsere Waschfrau ersetzen würde. „Emma Gumz, Knesebeckstraße 17", las sie vor. „Der Name beweist, daß die Familie aus Pommern stammt", erklärte meine Mutter ihre Wahl. Sie selbst kam aus dieser Gegend Deutschlands. „Man soll seine Landsleute unterstützen", meinte sie.

Die großen, sehr hellen blauen Augen der Frau, die uns langsam im Laden des Hauses Knesebeckstraße 17 entgegenkam, hatten etwas Lauerndes, so als ob sie erst wissen wollte, mit wem sie es zu tun hatte. Um ihre kleine gedrungene, ja füllige Gestalt hatte sie einen schlohweißen Kittel gebunden. Sie legte die lange Stange beiseite, mit der sie gerade Wäsche zum Trocknen auf die Drahtseile, die an der Decke über den ganzen Laden gespannt waren, gehievt hatte. Da hingen Laken neben Unterhosen, Handtücher neben Nachthemden, Schürzen neben Herrensokken. Sie fischte sie von einem großen Haufen gewaschener Wäsche, der neben einem Korb mit unsortierter Schmutzwäsche aufgetürmt war. Hinter der Heißmangel stand ihr Mann, Franz Gumz, und fütterte die elektrische Rolle mit großen Wäschestücken. Er hob seinen Kopf nicht, als wir eintraten. Frau Gumz strich sich nervös über ihre glatten dunkelblonden, nach hinten gekämmten Haare, die in einen Dutt mündeten.

Fast uninteressiert, so schien es, fragte sie nach unserem Begehr. Dann sagte sie sehr ruhig, jede Antwort mit einem Nicken ihres Kopfes unterstreichend: Natürlich würden sie unsere Wäsche waschen, natürlich würden sie sie holen und auch bringen. Natürlich könnte man feste Termine dafür ausmachen. Dann schlurfte sie in einer Art Latschen zu einem kleinen Pult, wo sie unseren Namen und die Adresse in eine Kladde eintrug. Sie tat es bedächtig, so als ob das Schreiben nicht ihre Stärke wäre. „Ja", sagte sie, sie sei aus Pommern, und mit scheinbarem Interesse hörte sie zu, was meine Mutter von ihrer Heimatstadt Köslin erzählte. Das machte sie jedoch nicht gesprächiger.

Zuerst lernten wir Franz Gumz näher kennen. Auf einem Handleiterwagen pflegte er unsere schmutzige Wäsche abzuholen oder die Gereinigte wiederzubringen. Er war anders als seine Frau. Es war nicht schwer, mit ihm ins Gespräch zu kommen. Vorsichtige Andeutungen hatten bald klargestellt, daß wir über die Nazis gleicher Meinung waren. Franz Gumz hing den „Ernsten Bibelforschern" an und hatte sich seine Meinung und seine Lebensanschauung aus Büchern zusammengeklaubt. „Nur so viele Menschen werden überleben, wie unter einem Lindenbaum Platz finden." So pflegte er seine Ausführungen zu beenden, mit denen er vor den Gefahren für die Welt warnte, wenn die Nazis in Deutschland an der Macht blieben. Seine Besuche bei uns bei einer Tasse Kaffee wurden immer länger, je deutlicher die teuflischen Absichten der Nazis zutage traten.

„Er redet zuviel", klagte seine Frau, die lange gebraucht hatte, bis sie ihre Scheu uns gegenüber abgelegt hatte. Sie fand es gar nicht komisch, wenn ihr Mann ohne Vorsicht etwas Abträgliches über die Nazis sagte. „Manchmal zu wildfremden Leuten", schimpfte sie, während er in sich hineinkicherte. Tatsächlich pflegte er Kunden, die mit „Heil Hitler" grüßend den Laden betraten, in einem Gespräch zu verunsichern. Und das meist mit Zitaten aus der Bibel, die, wollte man es so, auch als Kritik an der Regierung verstanden werden konnten. Frau Gumz war da viel vorsichtiger. Sie beobachtete die Leute mit ihrem lauernden Blick und war allenfalls zu der Bemerkung bereit: „Ach, wissen Sie, unser Führer wird das schon richten, machen Sie sich man keine Sorgen." Wer sie kannte, wußte, daß sie es sarkastisch meinte. Aber der Kunde konnte es natürlich auch als Vertrauen zum Naziregime auslegen. Kaum hatten jene Kunden die Ladentür hinter sich geschlossen, strahlte Frau Gumz übers ganze Gesicht vor lauter Freude über ihre List. Ihr Mund mit den aufgesprungenen Lippen gab dann ihre breit auseinanderstehenden, etwas vorgeschobenen Zähne frei, und ein Gluckser, ihre Art des Lachens, wurde hörbar.

Daß wir als Juden verfolgt wurden, war den Gumzens nicht verborgen geblieben. Wir waren nicht ihre einzigen Kunden jüdischen Glaubens. Ab und zu fiel der Name Dr. Blumenthal, den sie trotz der deutlichen Warnungen, jüdische Ärzte zu meiden, solange es möglich war weiter konsultierten und offenbar auch sehr schätzten. Stumm hörten sie uns an, wenn wir von den Verfolgungen und Diskriminierungen berichteten, denen wir ausgesetzt waren. Unfähig, die richtigen Worte zu finden, verließ Herr Gumz meist polternd den Raum, während sich ihre Augen mit Tränen füllten. Wie zu einer Geste der Trauer senkte sie ihren Kopf. Ihr Händedruck zum Abschied war dann immer ganz besonders fest.

Emma Gumz strahlte übers ganze Gesicht, als meine Mutter ihr unsere Eßzimmermöbel zum Kauf anbot. Es war nach dem 9. November 1938, dem ersten staatlich organisierten Pogrom, nicht nur uns klargeworden, daß Juden im Nazi-Deutschland kein Leben in Frieden und Sicherheit mehr erwarten konnten. Wir hatten unsere Wohnung bereits mehr oder weniger zwangsweise aufgegeben. Wohnungsvermieter hatten damals zwar noch keine richterliche Handhabe, einen jüdischen Mieter zu kündigen, aber doch ausreichende Möglichkeiten dazu. Unser Hauswirt, die Nordstern-Versicherung, machte davon auch unverzüglich Gebrauch. Da mein Vater bereits vor der Auswanderung stand, und wir ihm zu folgen hofften, schien es sowieso sinnlos, eine Wohnung zu halten. Und so beschlossen meine Eltern, alles, was für die Auswanderung sinnvoll schien, in einen Container zu packen und im Hamburger Hafen abrufbereit stehen zu lassen. Alle übrigen Möbel mußten verkauft werden. „Ja, ich möchte die Möbel schon haben", gab Emma Gumz zu. Sie sprach es sehr zögernd aus. In dem einzigen großen Zimmer hinter dem Laden standen nur ihre Betten, ein Tisch und ein paar Stühle herum. Ihr verlegenes Lächeln und ihre auf meine Mutter gerichteten Augen, die Bedauern ausdrückten, machten klar, daß sie nicht das Geld dafür hatte. Gewiß, wir brauchten viel Geld für die vielen Unkosten der Auswanderung meines Vaters. „Aber mir ist es eigentlich ebenso wichtig, daß Menschen, die mir lieb sind, in Zukunft mit unseren Möbeln leben, die wir uns einst mit so viel Liebe angeschafft haben", beschloß meine Mutter. Und so war man sich schnell handelseinig, und die Gumzens bekamen unser Eßzimmer. Der Stolz der Frau auf die schweren dunklen Möbel, wie sie zu Zeiten der Hochzeit meiner Eltern modern gewesen waren, und die nun im gleichen Raum ihren Platz fanden, wo die Betten der Gumzens standen, war nicht zu übersehen.

„Nicht wahr, Sie kommen zu uns, wenn Sie etwas brauchen?" sagte Emma Gunz jedesmal, wenn wir sie besuchten. Sie wußte, daß Lebensmittelzuteilungen für Juden von Monat zu Monat mehr reduziert wurden. Jedesmal drückte sie meiner Mutter oder mir etwas in die Hand. Meist war es Obst oder Gemüse, das sie auf ihrem Gartengrundstück im Berliner Vorort Drewitz geerntet hatten und das uns nicht zugeteilt wurde. Oder es war ein großes Stück Kuchen, den sie regelmäßig zu Sonn- und Feiertagen backte. Manchmal luden sie uns auch nach Drewitz ein, wo wir auf den Erdbeerfeldern Nachlese halten durften. Sie selber aßen wenig Früchte. Der größte Teil ihrer Obsternte wanderte in große mit Thermometern versehene Glasbehälter, damit sich das Obst, entsprechend behandelt, zu Wein entwikkelte. Die Behausung in Drewitz, eigentlich nur eine wacklige Bretterhütte, war denkbar primitiv. Das Wasser mußte von einer Pumpe geholt werden. Das Klo war außerhalb in einem der damals üblichen Häuschen mit dem ins Holz geschnitzten Herz. Das spärliche Mobiliar bestand aus ausrangierten Stücken aus ihrem Berliner Haushalt. „Unser Sonntagsbraten", lachte Frau Gumz, als sie uns die Kaninchen zeigte, die an der Außenwand der Laube ihren Stall hatten; ähnlich dem Stall im Keller unter ihrem Laden in der Knesebeckstraße, wo jene saßen, deren Schicksal bereits besiegelt war. Frau Gumz wollte sich totlachen, als meine Mutter einmal mißtrauisch auf die merkwürdigen Geräusche hingewiesen hatte, die aus dem Keller kamen. „Ach, mit Ihnen kann man immer so schön lachen", sagte sie häufig und machte deutlich, wie sehr sie das genoß. Sie selbst war von Natur kein fröhlicher Mensch, eher schwerfällig und leicht melancholisch. „Sie haben noch so viel Humor", wunderte sie sich.

Dann kam die Verordnung, daß Juden bei Strafe ihre Wäsche nicht mehr waschen lassen durften. „Frau Deutschkron, Sie glauben doch nicht im Ernst, daß wir Sie im Stich lassen." Ähnlich verhielt sie sich ihren anderen jüdischen Kunden gegenüber. Allerdings holten und lieferten sie die Wäsche nicht mehr. Das war für beide Seiten zu gefährlich geworden. Denunziationen waren in Nazi-Deutschland an der Tagesordnung. So zog sie uns, sobald wir den Laden betraten, in ihr Zimmer dahinter.

„Von nun an werde ich an Ihrer Stelle zum Fleischer gehen", bestimmte Frau Gumz. Nachdem wir zum Tragen des Judensterns gezwungen worden waren, konnten wir es nicht wagen, auf den uns verbotenen Wochenmarkt zu gehen. Unsere Frau Krachudel hatte uns einmal die Woche weiter mit Fleisch beliefert, obwohl wir die entsprechenden Marken nicht mehr zugeteilt bekamen. Nach einer Verabredung gab sie das für uns bestimmte Fleisch der Frau Gumz.

Einmal traf ich die Gumzens beim Abfüllen des Weins an. Die Obstsäfte hatten den rechten Stand der Fermentierung erreicht, erklärte Franz Gumz. Er kostete mehrmals von den verschiedenen Sorten und bot auch mir ein Glas an. Es schmeckte wie vorzüglicher reiner Obstsaft. Ich trank ihn gierig. Die Stimmung wurde lebhaft. Auch ich wurde von der Lustigkeit angesteckt. Als ich ins Freie trat, merkte ich, daß ich keinen Obstsaft, sondern Wein getrunken hatte. Ich hatte große Mühe, nicht ständig vor mich hinzulachen. Meine Mutter empfing mich mit Empörung. Wie unvernünftig ich sei, mich betrunken auf der Straße mit dem Judenstern am Mantel zu zeigen. Von den Gumzens könnte man nicht erwarten, daß sie die Gefahr begriffen, in die ich mich begeben hatte, meinte sie ärgerlich.
Und so ähnlich reagierte sie auch, als Frau Gumz ihr den Vorschlag machte, uns vor den Deportationen bei ihnen zu verstecken: „Sie übersehen sicher nicht die Trageweite ihrer Absichten."
Im Oktober 1941 hatten die Deportationen der Berliner Juden begonnen. Die Gumzens erlebten das mit. Vielfach traf ich Emma Gumz mit verweinten Augen an. Irgendein Kunde hatte sich gerade vor der Deportation von ihnen verabschiedet. Einen Korb Früchte „für die Reise" gab sie jedem von ihnen mit. Dann kam einen Tag vor seiner Deportation der so verehrte Dr. Blumenthal. Er hatte ein in dunkelgraues Ölpapier gewickeltes Paket im Arm. Darin sei eine kostbare Geige, eine Stradivari, sagte er schnell, in der Tür des Ladens stehend. Er wäre dankbar, wenn die Gumzens sie bis zu seiner Rückkehr aufheben würden. Frau Gumz kriegte kein Wort heraus. Sie nickte nur. Mit ihrem vom vielen Umgang mit Wasser fast blutleeren Händen nahm sie dem Mann das Paket ab. Er verschwand schnell mit einem kurzen Nicken des Kopfes. Emma Gumz stand wie angewurzelt da, sah ihm nach. Das Paket hielt sie wie ein Baby an ihre Brust gedrückt. Dann ging sie langsam, fast vorsichtig die Kellertreppe hinunter. Sie kam lange nicht wieder. Im Keller legte sie das Paket auf einen kleinen weißen Schrank, der Handwerkszeug und ähnliche Utensilien enthielt. Dort

lag es dann jahrelang. Niemand rührte es an. Es war wie ein Heiligtum, vor dem jeder Ehrfurcht hatte. Es kam auch nie jemand, um es abzuholen. Mein Versuch, Anfang der achtziger Jahre, durch eine Anzeige in einer israelischen und einer amerikanischen Zeitung Angehörige des Dr. Blumenthal ausfindig zu machen, blieb erfolglos. Als der junge Gumz das Geschäft seiner Eltern aufgab, war er der erste, der das Paket nach 40 Jahren berührte und es schließlich auch öffnete. Tatsächlich – da stand „Stradivari" und eine entsprechende Jahreszahl im Geigenkörper. Ein Fachmann stellt bald fest, daß man dem Dr. Blumenthal, der wie viele Juden damals sein letztes Geld in Sachwerten anlegen wollte, eine gute Geige verkauft hatte. Eine Stradivari war es jedoch nicht.

„Frau Deutschkron, Sie müssen mir etwas versprechen", verlangte Emma Gumz eines Tages von meiner Mutter. Dabei hielt sie die Hände meiner Mutter fest umklammert. „Was soll ich Ihnen denn versprechen?" fragte meine Mutter erstaunt. Frau Gumz lachte verlegen. „Das sage ich Ihnen nicht." Aber sie könnte doch nichts versprechen, ohne zu wissen, um was es ging, entgegnete meine Mutter. „Doch, das müssen Sie aber", sagte Frau Gumz und lachte ihr verlegenes Lachen. „Wenn ich Ihnen sage, um was es geht, würden Sie es vielleicht ablehnen." „Also gut", sagte meine Mutter, und neugierig fragte sie: „Und was habe ich Ihnen jetzt versprochen?" Frau Gumz senkte den Kopf und sagte: „Sie haben mir jetzt versprochen, daß Sie und Inge sich nicht wie alle anderen deportieren lassen." Meine Mutter zog hastig ihre Hände zurück. „Aber Frau Gumz, wie kommen Sie nur darauf, und wie stellen Sie sich das vor?" Der Nachbarjunge wäre als Soldat in Polen gewesen, und er hätte dort gesehen, was sie mit den Juden machen, entgegnete Frau Gumz, die wie immer, wenn sie etwas sagen mußte, was sie schmerzte, den Kopf tief senkte. Aber dann fuhr es fast aus ihr heraus: „Sie nehmen den Stern ab und kommen zu uns. Wir verstecken Sie!"

Lange dachten meine Mutter und ich über den Vorschlag der Frau Gumz nach. Andere Freunde, die wir befragten, von denen meine Mutter einen größeren Weitblick erwartete, fanden den Vorschlag ausgezeichnet. Auch sie würden uns helfen, versprachen sie. Im übrigen hätten wir eigentlich nichts zu verlieren. Würde man uns erwischen, würde man uns eben verspätet deportieren. Das verstanden wir schließlich auch. Von den Gefahren für sie selbst sprach niemand. Und so verließen wir am 15. Januar 1943 mit wenigen Habseligkeiten und ohne den Judenstern unsere Behausung und begaben uns in die Obhut der Gumzens. „Ich bin ja so stolz, daß ich Sie dazu überreden konnte", sagte Emma Gumz, und dieses Mal leuchteten ihre Augen vor Freude. In einer Kammer im rückwärtigen Teil ihrer düsteren Parterrewohnung fanden wir so unser erstes Versteck.

„Aber seien Sie doch froh, ruhen Sie sich doch ein bißchen aus", entgegnete Emma Gumz, wenn meine Mutter klagte, daß sie sich so überflüssig vorkäme. Während ich weiter zu meiner Arbeitsstelle in der Blindenwerkstatt von Otto Weidt ging, fand sich meine Mutter nur schwer in ihre neue Situation. Sie war es in ihrem Leben nicht gewohnt gewesen, untätig zu sein. Und nun als „Untergetauchte" hatte sie viel zuviel Zeit zum Nachdenken. Wie das wohl weitergehen würde mit uns, mit den anderen Juden, mit dem Krieg. Überdies saß sie den Tag über im einzigen Zimmer der Familie Gumz, umgeben von den Möbelstücken, die einmal ihre gewesen waren. Sie versuchte, im Haushalt zu helfen. Aber das gelang nicht so recht, denn die Familie Gumz hatte keinen geregelten Tageslauf. Es gab keine festen Mahlzeiten. Jeder aß, wann es ihm gerade einfiel. Meine Mutter konnte auch nicht einmal in der Küche helfen, denn der Herd, auf dem immer ein Topf mit Essen bereit war, stand im Laden unter der Wäsche, die zum Trocknen von der Decke hing. Während das Essen auf dem Herd brodelte, nahm Frau Gumz Pakete schmutziger Wäsche entgegen, legte sie zum Sortieren bereit oder händigte den Kunden die saubere Wäsche aus.

Frau Gumz war sichtlich verstört, als sie eines Tages beim Essen erzählte: Die Nachbarin hätte gefragt, ob sie Besuch hätten. Das war kaum einen Monat nach unserem „Unter-

tauchen". Sie habe die Frage bejaht. „Eine Kusine aus meiner pommerschen Heimat." Keiner sagte ein Wort. Meine Mutter senkte den Kopf. Sie hatte verstanden. „Wir werden hier wegmüssen", sagte sie angstvoll zu mir, als wir allein waren, „denn wie lange kann man zu Besuch sein?" Es war gewiß nicht gut, daß die Nachbarin etwas von unserer Anwesenheit bemerkt hatte. Vielleicht war sie nur neugierig, ohne etwas Schlechtes im Schilde zu führen, vielleicht aber auch nicht. Und was wäre, wenn sie mit anderen darüber spräche – mit dem Hauswart oder mit dem Blockwart, oder mit dem Luftschutzwart. Wir fühlten, daß Frau Gumz sich Sorgen machte. Sie sagte nichts. „Das Wochenende könntet ihr doch in Drewitz verbringen." Wir sagten: „Aber gern", eine Wahl hatten wir ohnehin nicht. „Wir kommen am Sonntag nach", versprach sie.
Und so kam es dann auch. Bis zum Mittagessen sprach man nur Belangloses – über das Wetter, die schönen Früchte und den gelungenen Wein. Dann, ganz unvermittelt, als Frau Gumz den Sonntagsbraten austeilte: „Vielleicht sprecht ihr mal mit euren anderen Freunden, wie es mit euch weitergehen soll." Sie sagte kein Wort darüber, daß sie uns nicht behalten könnte. Meine Mutter entgegnete rasch: „Natürlich, Frau Gumz, gleich morgen." Mir blieb der Bissen im Halse stecken. Niemand sprach. Man hörte nur das Klappern des Bestecks. Nach einer Weile sagte Frau Gumz: „Wir werden euch natürlich weiterhelfen mit Essen und so." Sie litt so offensichtlich unter dem, was sie sagen mußte. Ihre Augen schimmerten verdächtig. Ihr Mann erhob sich rasch vom Tisch, verließ den Raum und machte sich im Garten zu schaffen.
„Wir werden aufgeben müssen", sagte meine Mutter. Ihre Augen standen voller Tränen. Ihre Hände fuhren unruhig über die Tischdecke. Auch sie verließ den Raum. Frau Gumz schwieg. Schließlich wandte sie sich an mich und sagte, fast bittend: „Ihr müßt das doch verstehen. Wir tun es doch auch nicht gern." Ich versicherte ihr, wir würden schon einen Weg finden. Ich sagte es nur, um Frau Gumz zu trösten. Ich wußte auch nicht, wie. Der Abschied von der Familie Gumz

war tränenreich. „Ach, es tut mir so leid." Frau Gumz wiederholte die Worte mehrmals. Sie schien nicht darüber hinwegzukommen, daß gerade sie, die uns zu diesem Untertauchen ermuntert hatte, uns nun im Stich ließ. „Nicht wahr, ihr kommt uns besuchen?" Sie bettelte fast darum. Wir versprachen es. Und so war es denn auch. Der Kontakt zu Gumzens riß nicht ab.

Zwar gingen wir zunächst nicht so häufig in die Knesebeckstraße, aus Furcht, wir könnten der Nachbarin begegnen, die, sofern sie unsere Geschichte geglaubt hatte, annehmen mußte, wir seien in unsere pommersche Heimat zurückgekehrt.

Aber dann ergab es sich, daß ich Frau Gumz eine echte Hilfe wurde. Es war Anfang des Jahres 1945. Ihr Mann, damals schon Ende Vierzig, war noch zum Volkssturm eingezogen worden. Ihre Büglerin mußte in einer Munitionsfabrik ihre Pflicht tun. Als wir sie zu jener Zeit besuchten, stand sie schier verzweifelt inmitten der Berge von Wäschestücken und wußte nicht, wie sie die viele Arbeit allein bewältigen sollte. Ich hatte damals keine Arbeit und war froh, ihr meine Hilfe anbieten zu können. Ich war überrascht, als sie mein Angebot sofort mit einem energischen Kopfnicken annahm und mich freudig anstrahlte. Dann nahm sie mich bei der Hand und führte mich an den Bügeltisch. Ich folgte nur zögernd, denn es wurde mir klar, daß sie mir das Bügeln von Oberhemden zur Aufgabe machen wollte.

„Das lernst du schon", lachte sie, nahm ein Oberhemd und zeigte mir, wie man es glatt bügelt. Mit einem schweren Gaseisen, in dem die Flammen sichtbar brannten, fuhr sie in großen Strichen über den Stoff, den sie ab und zu mit einem feuchten Tuch benetzte. Vertrauensvoll drückte sie mir schließlich das Eisen in die Hand und sagte mir, ich hätte immerhin 15 Minuten Zeit, um ein solches Hemd wieder „salonfähig" zu machen. Ich stand also am Bügeltisch neben dem Schaufenster und war für alle Kunden und Vorübergehenden sichtbar. „Ach, die haben jetzt mit sich zu tun", sagte Emma Gumz wegwerfend. Sie wies damit auf die Lage, die im Januar 1945 den Krieg täglich näher nach

Berlin heranbrachte. Ich hatte damals Zweifel und habe sie auch heute noch, ob ich meiner Aufgabe wirklich gerecht wurde. Aber Frau Gumz schien es nicht so zu empfinden. Allerdings fühlte sie sich mir gegenüber nicht wohl in ihrer Rolle als Arbeitgeberin.

„Das ist doch nicht in Ordnung", sagte sie mehrmals und zeigte große Verlegenheit, wenn sie etwas an meiner Arbeit zu bemängeln hatte. Es war ihr nicht auszureden. Sie bestand sogar darauf, mich für meine Arbeit zu entlohnen. Schließlich zahlte auch der Kunde dafür. Meine Tätigkeit als Büglerin in der Wäscherei Gumz endete an dem Tag im April, an dem der Kanonendonner in ganz Berlin zu hören war und die öffentlichen Verkehrsbetriebe ihren Dienst einstellten.

Das Ende des Krieges erlebten wir in Potsdam und konnten die ersten Monate nicht nach Berlin gelangen. Dadurch erfuhren wir erst Monate später, daß Franz Gumz an einem Nierenversagen gestorben war. Die Tage und Nächte im Schützengraben vor der Stadt hatten dazu geführt, daß ein altes Leiden wieder aufgebrochen war. Emma Gumz führte die Wäscherei weiter. Ihr heranwachsender Sohn half ihr dabei. Bei meinen seltenen Besuchen in Berlin – ich lebte nach dem Krieg im Ausland und später in Bonn – ging ich stets in die Knesebeckstraße. Frau Gumz konnte dann kaum sprechen vor Freude, ließ meine Hand nicht los, drückte sie wieder und wieder, und ihre Augen glitzerten verräterisch. Keiner ihrer anderen Kunden hatte überlebt. Wenn ich davon sprach, daß sie uns so entscheidend zum Überleben geholfen hatte, wandte sie sich ab und schüttelte den Kopf. Sie war nie darüber hinweggekommen, daß sie uns damals „im Stich ließ", wie sie sagte. Die Anerkennung von „Yad Vashem", Israels nationaler Gedenkstätte, als eine der „Gerechten der Völker", die im Januar 1972 erfolgte, wollte sie erst gar nicht annehmen. „Ich hab' doch nichts Besonderes getan", war ihre Reaktion.

Ich sah Emma Gumz im Jahr 1979 zum letzten Mal. Der Senat von Berlin feierte den zehnten Jahrestag der Besuche ehemaliger jüdischer Bürger in ihrer Heimatstadt. Retter von

Juden waren auch eingeladen. Sie kam, bereits 80jährig, im Rollstuhl, den ihr Sohn schob. Die Zeitungen berichteten über sie, auch die „New York Times". Im Berliner Büro dieser Zeitung traf danach ein Scheck über 1000 Dollar für Emma Gumz ein. Ein uns unbekannter Anwalt aus New York wollte sich bei ihr für ihre Hilfe für verfolgte Juden bedanken. Nur mit Mühe fand die Korrespondentin der „New York Times" Frau Gumz in einer Laube in Westend. Sie hatte sich verbittert dorthin zurückgezogen. Ihr Sohn hatte geheiratet. Die Schwiegertochter, die die Herrschaft über Haus und Geschäft übernahm, war ganz und gar nicht nach ihrem Geschmack. „Der kommt zu spät", soll sie vor sich hingesagt haben, als die Journalistin ihr den Scheck überreichte. Sie spielte damit auf ihre schlechte Gesundheit an. Ein Jahr danach fragte der Anwalt aus New York an, aus welchem Grunde der Scheck nicht eingelöst worden war. Sie würde ihn schon noch einlösen, soll sie etwas ungeduldig gesagt haben, und sie tat es schließlich auch. Sicher hatte der Scheck, der sichtbare Hinweis für einen Dank, mehr Bedeutung für sie als das Geld auf dem Konto. Bald darauf muß sie gestorben sein, einsam und unzufrieden mit sich und der Welt.

Otto Ostrowski

Eine glänzende Karriere schien sich anzubahnen: Dr. Otto Ostrowski begann seine berufliche Laufbahn als Lehrer, der sich modernsten Lehrmethoden verschrieben hatte. Dann zeichnete er sich im Amt des Bürgermeisters als hervorragender Verwaltungsfachmann aus und schließlich auch als Politiker der Sozialdemokratischen Partei. Die Nazis setzten dem zunächst ein Ende. In den Jahren des Naziregimes lebte er nur für die Zeit „danach" und tat alles, um zu überleben. Denn er war von seiner führenden Rolle im Nachkriegsdeutschland überzeugt. Er bekam auch eine Chance dazu, aber zerstörte diese eigenhändig in unkritischer Überschätzung seiner Person.[1]

„Schon als 11jähriger nahm ich an einem Industriearbeiterstreik in Luckenwalde an der Seite meines Vaters im Kampf gegen Streikbrecher teil."[2] Aus diesen frühen Erfahrungen „mit der verständigen Arbeiterschaft" meinte er, seine spätere bewußte Bindung an den Sozialismus erklären zu können.

Als Sohn eines Tuchmachers war er am 28. Januar 1883 in Spremberg (Lausitz) als Zweitältester von vier Kindern „arm" geboren worden, „vom Klassenkampf bedrängt, mit dem Bewußtsein der sozial Schwachen belastet", wie er es niederschrieb.[3]

Dennoch ermöglichte ihm der Vater den Besuch des Realgymnasiums in Spremberg. Das Zeugnis der Reife erhielt der „Sohn des Werkführers August Ostrowski" im Jahr 1903 im Berliner Schillergymnasium. Ursprünglich wollte er Theologie studieren. Eine Zeitlang war er von religiösen Gedanken erfüllt gewesen, die wohl ihren Ursprung im Elternhaus hatten. Er habe Zuversicht in Gott gehabt, notierte er in seinen

---

1 Ostrowskis Angaben über sein Leben sind widersprüchlich. Alle in diesem Porträt gemachten Angaben stammen aus amtlichen Unterlagen und Zeitungsveröffentlichungen. Seine Aufzeichnungen in Tagebüchern, Artikeln, die in seinem Nachlaß zu finden sind (Friedrich-Ebert-Stiftung, Bonn), wurden nur dann berücksichtigt, wenn die Autorin sie aus ihrer Kenntnis des Mannes bestätigen konnte.

2 Berliner Blätter, 5/1961.

3 Tagebucheintragungen, 8. 5. 1954.

Tagebüchern, daß dieser wirklich „der Liebe unter den Menschen, der Gerechtigkeit und allen den im Grunde hohen Zielen bürgerlicher Lippenchristlichkeit eines Tages zum Durchbruch verhelfen würde". Er wollte, wie er schrieb, diesen Zustand „mithelfend herbeiführen". Aber das scheiterte offenbar an einem Streit mit dem Superintendenten Breithaupt in Luckenwalde, der drohte, Otto Ostrowski in seiner beruflichen Entwicklung nicht zum Zuge kommen zu lassen. So berichtet Ostrowski ohne Angabe von Gründen.[4]

Er jedenfalls lockerte eines Tages seine religiösen Bindungen. Ob dies aufgrund des Streites mit der Kirche geschah oder ob er, wie es auch später öfter seine Art war, seine Meinung plötzlich änderte, muß dahingestellt bleiben. In seinen Schriften taucht fast abrupt die Bemerkung auf, daß eigentlich der Sozialismus die Vollendung sei, sozusagen die säkulare Aktivierung des Christentums. Aber auch dies war wohl nur ein vorübergehender Trend. Er verschrieb sich schließlich ganz dem Sozialismus und bezeichnete sich gleichzeitig als Freidenker. „(Ich) bin als Freidenker unbeirrter Sozialist, der den Sozialismus als weltliches Bekenntnis zur sittlichen Gemeinschaft hochhält und danach selbstverständlich auch sein praktisches Leben ausrichtet." Zwar verglich er dies noch mit der Ähnlichkeit der Werte eines „ehrenwerten gläubigen Christen"[5]. Aber seine Sprache war zu deutlich, als daß die Kirche ihn noch zu den Ihren hätte zählen können. Diese Art von kämpferischer Offenheit, die ihm, wie man sieht, schon in seiner Jugend eigen war, erklärt wohl auch seine nicht immer geschickte Konfliktbereitschaft im späteren Leben.

Ostrowski entschied sich schließlich für ein Studium der Neuphilologie mit dem Hauptfach Romanistik und belegte diese Fächer an der Berliner Universität. Er tat dies, obwohl er sich darüber im klaren war, daß er als überzeugter Sozialist im kaiserlichen Deutschland keine Anstellung als Lehrer im öffentlichen Schuldienst zu erwarten hatte. Er verdiente

4 Berliner Blätter, 5/1961.

5 Berliner Blätter, 5/1961.

sein Studium als Werkstudent und Privatlehrer in Berlin, Lyon und Sheffield. Die Städte Lyon und Sheffield wählte der nun bewußte Sozialist wohl nicht zufällig. In beiden Städten gab es zu jener Zeit eine kämpferische Industriearbeiterschaft, ähnlich der, in der er in Luckenwalde aufgewachsen war. Lyon war berühmt für seine Seidenindustrie, Sheffield für seinen Stahl. In seinen Unterlagen ist vermerkt, daß er von 1904 bis 1905 als „assistant d'allemand" in Lyon Kandidaten auf den Deutschunterricht vorbereitete. Aus Sheffield, wo er seine Englischkenntnisse verbessern wollte, liegt eine Bestätigung des „kaiserlich deutschen Konsulats – Sir Joseph Jonas" vor, daß Otto Ostrowski sich dort aufgehalten habe. Dem ist eine Erklärung einer Mrs. Foster beigefügt, daß er „vom 15. Oktober 1908 bis 1. Januar 1909 in ihrem Haus 50, Victoria Street, gewohnt habe und nichts Nachteiliges über ihn bekannt" sei. Allem Anschein nach fühlte er sich mehr zu Frankreich hingezogen als zu England. Er reiste im Laufe seines Lebens mehrfach nach Frankreich. Schließlich promovierte er 1909 (cum laude) über ein frühmittelalterliches Manuskript aus der Bibliothek von Chantilly.[6] In seinen Aufzeichnungen spielen seine Begegnungen mit den sozialistischen Politikern Gustave Téry und Jean Jaurès eine große Rolle.[7] In seinen Gedanken über den Sozialismus, die er im Laufe der Jahre in seinen Tagebüchern niederschrieb, erwähnt er immer wieder Jean Jaurès als seinen Lehrer. Zur Vervollkommnung seines Englisch nahm er im Juli 1914 noch an einem Sprachkurs in London teil, den er aber wegen des drohenden Weltkrieges nach 14 Tagen wieder verließ und nach Deutschland zurückkehrte.

Da er seiner „harten politischen Einstellung" wegen nach dem bestandenen Staatsexamen in Englisch, Französisch und Deutsch nicht um eine Anstellung im öffentlichen Dienst nachsuchte, arbeitete er zunächst als Lehrer in der Abiturientenpresse eines Dr. Fischer in der Berliner Zietenstraße.

---

6 Berlinische Lebensbilder von Wolfgang Ribbe, 1992.

7 Jean Jaurès wurde Juli 1914 als Kriegsgegner auf offener Straße in Paris erschossen.

Dann betätigte er sich als Gründer und Leiter von zwei unabhängigen Landerziehungsheimen und Freiluftschulen. In beiden Fällen legte er seiner Arbeit moderne Lehrmethoden (Montessori) zugrunde, die konservative Kreise natürlich befremdeten. Der Verlauf des Ersten Weltkriegs setzte dieser Arbeit ein Ende. Sein Dienst in der kaiserlichen Armee als gemeiner Soldat wird in den Akten vom 30. Oktober 1915 bis 21. Mai 1916 in der „3. Kompanie Ersatzbataillon, Gardefüsilierregiment" (Maikäferkaserne) angegeben. Tatsächlich war er aus unbekannten Gründen vom Militär für dienstuntauglich befunden worden. Dann taucht sein Name als Hilfslehrer eines Lyzeums in der Gemeinde Lankwitz auf. „Infolge wirtschaftlicher Schwierigkeiten" hatte er sich schließlich um einen derartigen Posten beworben. Und, um angestellt zu werden, hätte er sich „restlose Zurückhaltung im öffentlichen Leben" auferlegt. So erklärte er, daß man ihn dann doch in den öffentlichen Dienst übernahm. Er erwähnt nicht, daß er inzwischen der rechtsradikalen „Vaterlandspartei"[8] beigetreten war, in der er es sogar zum Vorstandsmitglied der Ortspartei brachte. Die Frage erhebt sich natürlich, ob dies nicht der Grund für seine Übernahme in den öffentlichen Dienst gewesen ist. Er habe in dieser Partei „zersetzend wirken wollen", so erklärte er später auf Vorhaltungen der Sozialdemokraten. Nach Beendigung eines Probejahres im Lyzeum von Lankwitz wurde er als „wissenschaftlicher Hilfslehrer" geführt. Eine Laufbahn als Lehrer schien nun gegeben.

Als am 9. November 1918 die Revolution ausbrach, gab er, wie er seinem Tagebuch anvertraut, seine „Zurückhaltung" in politischen Dingen auf. Er wechselte spontan zur Sozialdemokratischen Partei MSPD[9] über. Und damit begann seine politische Laufbahn. „Am 10. November hatte ich meinen ersten Auftritt als politischer Mensch in einer von mir

8 Die „Vaterlandspartei" (1917–1918), aus dem „All-Deutschen Verband" hervorgegangen, kämpfte gegen den Frieden. Sie hatte die Sympathie der Industrie, der obersten Heeresleitung (Großadmiral Tirpitz) und des Kanzlers Michaelis. Dennoch blieb sie ohne Einfluß auf die Geschehnisse des Jahres 1918.

9 MSPD = Mehrheitssozialdemokraten.

selbst einberufenen Massenversammlung", trug er mit offensichtlichem Stolz in sein Tagebuch ein. Er stand an vorderster Stelle bei der Gründung der sozialdemokratischen Partei in Lankwitz und enthob als Mitglied des gewählten dreiköpfigen Arbeiterrates der revolutionären Bewegung den ersten besoldeten Bürgermeister Beyendorff seines Amtes. Er setzte sich am 13. Dezember 1918 an seine Stelle. Vom Schuldienst wurde er sofort beurlaubt.

Wenige Wochen später erreichte die „Liste Ostrowski" (SPD) in den ersten Wahlen für die Gemeindevertretung die Mehrheit in Lankwitz. Ostrowski wurde zum besoldeten Bürgermeister gewählt, eine Wahl, die infolge der bevorstehenden Eingemeindung des Bezirks Lankwitz in die Gemeinde Groß-Berlin nicht anerkannt wurde. So führte er die Geschäfte zunächst als kommissarischer, dann ab 18. September 1919 als unbesoldeter Gemeindevorsteher von Lankwitz. Nach der Eingemeindung wurde er Mitglied der Groß-Berliner Stadtverordnetenversammlung und nahm seine Tätigkeit im Schuldienst wieder auf. Er wurde als Studienrat an das Lankwitzer Realgymnasium versetzt.

Ostrowski war von Anfang an umstritten. Schon im Lyzeum, so hieß es, hätte er versucht, „schulreformerische Experimente" einzuführen. Dabei habe er Lehrerinnen derart drangsaliert, daß sie Tränen vergossen hätten. Junge Mädchen und alte Damen hätten sich über seine „lockere Art" des Unterrichts empört, die Berichten zufolge darin bestand, daß er sich gegen eingedrillte Formeln und Daten wandte und das selbständige Denken und Handeln fördern wollte. Politiker der bürgerlichen Parteien liefen Sturm gegen den „wild gewordenen Oberlehrer" wegen der aggressiven Art, mit der er als Gemeindevorsteher Neuerungen durchzusetzen suchte. Unter der Arbeiterschaft gewann er schnell Freunde. Die SPD sprach ihm stets ihr vollstes Vertrauen aus.[10] Im Lankwitzer Heimatbuch „Chronikbuch Lankwitz"[11] wird auf seine Verdienste hingewiesen.

10 Lankwitzer Nachrichten, 29. 6. 1920.

11 Verlag Hans-Peter Heinicke, Berlin 1989.

„In den Volksschulen konnten acht neue Lehrer eingestellt werden; fremdsprachlicher Unterricht wurde eingeführt; Lehrgänge in Stenographie angeboten und die Zahl der Förderklassen erweitert. Dr. Ostrowski ließ die Festhalle als Theaterraum herrichten, um den Minderbemittelten bei bescheidenem Eintrittsgeld den Besuch von Kunst- und Bildungsabenden zu ermöglichen. Besondere Fürsorge wurde den Kriegsbeschädigten und den Kriegshinterbliebenen zuteil. Um die Wohnungsnot zu lindern, beschlagnahmte der Bürgermeister größere Wohnungen und gründete an der Marienfelder Straße die Arbeiter-Heimstätten-Siedlung und die Kleinhaussiedlung ..." Daß er während des Kapp-Putsches vorübergehend verhaftet war, versteht sich von selbst.[12]
Als er sein Amt im Realgymnasium antreten wollte, legten eine Reihe von Eltern (die Zahl schwankt in den Berichten von 81 bis über 100[13]) in einer Eingabe an den Minister für Wissenschaft, Kunst und Volksbildung Protest ein. In dieser Eingabe wurde Ostrowski der Unwahrhaftigkeit, der Unaufrichtigkeit, der Heuchelei, der Verleumdung, der Ehrabschneidung, des Mißbrauchs der Amtsgewalt und ähnlicher Vergehen bezichtigt und der Magistrat von Berlin gebeten, Ostrowski im Interesse der Lankwitzer Schulverhältnisse baldigst in eine andere Schule zu versetzen. „Ostrowski genießt weder das Vertrauen der Eltern, noch die Achtung der Schüler."[14] Dieser Protest wurde auch zum Gegenstand eines Antrages der Deutschen Volkspartei in der Bezirksverordnetenversammlung, die äußerst stürmisch verlief. Es kam zu wütenden Anwürfen gegen Ostrowski, diesen „November-Sozialisten", wie ihn die bürgerlichen Bezirksverordneten nannten. Dabei vergaßen sie nicht, auf seine ehemalige Mitgliedschaft in der „Vaterlandspartei" hinzuweisen, um so seine Unehrenhaftigkeit unter Beweis zu stellen. Als Mensch

12 Wolfgang Kapp putschte zusammen mit hohen Offizieren des 1. Weltkriegs im März 1920 gegen die Republik und rief eine Militärdiktatur aus. Ein Generalstreik setzte dem ein Ende.

13 Lankwitzer Nachrichten, 20. 5. 1921.

14 Lankwitzer Nachrichten, 20. 5. 1921.

und als Lehrer hätte er sich außerordentlich kompromittiert. Man bezichtigte ihn, Geld aus der Gemeindekasse für einen Privatprozeß genommen und Unsummen für die Bildung einer Kunst- und Bildungsgemeinde verschwendet zu haben. Schließlich habe dieser „seltsame Volksführer"[15] gegen ein Verbot verstoßen, das er selbst eingebracht hatte. Ostrowski war dabei ertappt worden, wie er Bürgersteige mit Wahlparolen beschmierte. Er hätte sich auch noch des Hausfriedensbruches schuldig gemacht, als er in eine Elternversammlung eingedrungen sei. Als man ihn empört des Raumes verwies, hätte er an der Tür gelauscht. Auch hätte Ostrowski den Rektor einer Gemeindeschule abberufen und einen anderen, nämlich seinen Parteifreund Walter Rieck, an seine Stelle gesetzt. Als Grund hätte er angegeben, jener Rektor Krafft sei ein „Kappist"[16] gewesen, der Waffen für die Putschisten in der Schule aufbewahrt hätte. Die wütenden Ausbrüche der Bürgerlichen gegen Ostrowski lassen den Schluß zu, daß er nicht nur in ihre Pfründe eingedrungen war, sondern auch auf dem besten Wege war, eine soziale Umschichtung revolutionären Charakters in Lankwitz herbeizuführen. Die SPD entgegnete den Bürgerlichen, es sei für Ostrowski ein Kompliment, von ihnen getadelt zu werden. „Wir wünschen den Lankwitzern, daß sie ihn noch recht lange als geistige Kraft genießen können."

Die Bürgerlichen konterten: „Wir werden nicht eher ruhen, bis Ostrowski weg ist von den Lankwitzer Schulen." Ostrowski strengte Privatklagen wegen der gegen ihn erhobenen Anschuldigungen an. Vor Gericht trat er ohne Anwalt auf, klagte an oder verteidigte sich in langatmigen Ausführungen, die seiner Sache nicht immer dienlich gewesen sein dürften. Er wurde verurteilt, legte Berufung ein, wurde freigesprochen, erzielte Kompromisse. Klage reihte sich an Widerklage. In den letzten Monaten des Jahres 1921 kam es zu den „großen Ostrowski-Prozessen, die eine Be-

---

15 Ebd., 19. 5. 1921.

16 Ein Anhänger des Wolfgang Kapp (siehe auch Anm. 12)

leuchtung der ganzen Amtstätigkeit des viel geschmähten Dr. Ostrowski mit sich brachten".[17] Die Hetze der rechten Parteien wurde immer rücksichtsloser. Eine Erklärung Ostrowskis vor Gericht, seine jüdische Ehefrau Bertha und eines seiner Kinder wären getauft, läßt den Schluß zu, daß seine Gegner auch nicht vor antisemitischer Hetze zurückschreckten.
Schließlich erreichten seine Gegner doch ihr Ziel: seine Partei, die SPD, bot Ostrowski eines Tages den Posten des Bürgermeisters von Finsterwalde an.[18] Er erklärt in seinen Niederschriften, er wäre in der SPD stets in Opposition gewesen. Vor allem gegen radikale Kräfte von links wie von rechts. Und er bezeichnet sich als Gegner des damaligen Parteivorsitzenden Franz Krüger.[19] Die Folge davon war, so Ostrowski, daß man ihn nach Finsterwalde abgedrängt hätte.[20] Am 21. März 1922 wählte ihn die Stadtverordnetenversammlung von Finsterwalde mit 16:14 Stimmen zum Bürgermeister der Stadt für 12 Jahre.[21] Drei Monate später trat er das Amt an.[22] „Jetzt, wo Ostrowski Lankwitz verlassen hat", hieß es nach seinem Weggang in den „Lankwitzer Nachrichten", „herrscht wieder Frieden in Lankwitz." Ostrowski hätte das Gemeindeleben vergiftet.
Dem „Niederlausitzer Anzeiger" aus jenen Jahren ist zu entnehmen, daß Ostrowski die Geschäfte der Stadt Finsterwalde sehr ruhig und besonnen führte. Er kümmerte sich mit Sachkenntnis und Hingabe um den Häuserbau, die Kanalisation, den Turnverein und all das, was Kommunalpolitik ausmacht. Daß er bei Schulfragen immer wieder seine Kompetenz spüren ließ, ist verständlich. Sein besonderes Anliegen galt der Gleichberechtigung der Mädchen in der höheren Bildung. Während der Rektor einer Realschule in einer Elternversammlung[23] noch die „Andersartigkeit" der

17 Lankwitzer Nachrichten, 21. 12. 1921.
18 Industriestadt in der Niederlausitz, 1922: 15 000 Einwohner.
19 Franz Krüger, Vorsitzender der Berliner SPD bis Oktober 1923.
20 Berlinische Lebensbilder, 1992, Wolfgang Ribbe.
21 Niederlausitzer Anzeiger, 22. 3. 1922.
22 Am 22. 6. 1922.
23 17. 1. 1923.

Mädchen betonte, trat Ostrowski dieser, seiner Meinung nach überholten Auffassung entgegen. Auch zu politischen Problemen der jungen Republik bezog er Stellung. Zum Verfassungstag am 11. August 1922 rief er die Bevölkerung der Stadt auf, hinter der neuen Verfassung zu stehen, denn nur eine daraus folgende neue Gesellschaftsordnung würde das bestehende Chaos im Lande beseitigen helfen. Mit Vehemenz wandte er sich gegen die Besetzung des Ruhrgebietes durch Frankreich im Januar 1923. „Militärische Gewalt und kapitalistische Habgier" steckten hinter der französischen Besetzung, erklärte er den Finsterwaldern in einer Protestversammlung am 14. Januar 1923 auf dem Marktplatz der Stadt. Das deutsche Volk könnte nichts dagegen unternehmen. „Wir können uns nur berufen auf unser sittliches Recht, auf unsere sittliche Kraft und auf unseren Arbeitswillen." Er warnte davor, nationalistischen Kräften Gehör zu schenken, die Gewalt mit Gewalt beantworten wollten. Nur wenn das deutsche Volk zusammenstünde, könnten Gewalt und Zwang überwunden werden. „Verstärkt den Willen auszuharren unter Entbehrung und Opfern! Mit solchen Waffen wird Frankreich geschlagen werden!" rief er den Finsterwaldern zu.
Diese Stellungnahme gegen Frankreich muß ihm nicht leichtgefallen sein, denn die Zeit, die er als Werkstudent und junger Lehrer in Frankreich verbrachte, hatte ihn geprägt. Seiner Initiative entsprangen immer neue Vorschläge zu Austausch und Freundschaftstreffen mit Franzosen, in dem Bestreben, die durch den Krieg verfeindeten Staaten wieder zusammenzuführen. Mein Vater, der 1922 an das Gymnasium von Finsterwalde als Studienassessor versetzt und später, auf Veranlassung des Bürgermeisters, zum Studienrat befördert worden war, stand ihm durch die politische Arbeit nahe. Unter seinem Einfluß nahm er Kontakt zu französischen Lehrern auf mit dem Ziel, gemeinsam für die Erhaltung des Friedens zu kämpfen. Das brachte ihm die Feindschaft nationalistischer Kräfte ein. „Talmudjude Deutschkron" stand eines Morgens an der Mauer der Schule, in der mein Vater lehrte, zu lesen und bezog sich natürlich auf meines

Vaters Aktivitäten über Deutschlands Grenzen hinaus. Aus jener Zeit stammt die enge Freundschaft der Familie Ostrowski und Deutschkron, die eines Tages für unser Schicksal bedeutsam werden sollte.
Ostrowski hatte natürlich auch in Finsterwalde Gegner im bürgerlichen Lager. Aber anders als in Lankwitz gab er ihnen wenig Gelegenheit, ihn vor Gericht zu ziehen. Während seiner vierjährigen Amtszeit in Finsterwalde gab es lediglich einen Prozeß wegen Beleidigung des Bürgermeisters. Am 7. März 1924 berichtete der „Niederlausitzer Anzeiger", der Fabrikant François Fonrobert hätte gegenüber einem Angestellten der Stadtkasse die Äußerung getan: „Der Bürgermeister gehört ja ins Irrenhaus." Diese Äußerung erfolgte auf die Bekanntmachung über die Einrichtung einer Notstandssteuer vom November 1923, die die Arbeitgeber von den Arbeitnehmern einzuziehen und auf der Stadthauptkasse einzuzahlen hätten. Gleichzeitig war an die Arbeitgeber die „vertrauliche" Aufforderung ergangen, diejenigen, die diese freiwillige Steuer nicht zu zahlen gewillt seien, dem Steuerausschuß der Stadt namhaft zu machen. Der Verteidiger des Angeklagten Fonrobert brachte vor, so die „Niederlausitzer Nachrichten", es sei wohl nicht zu leugnen, daß der Bürgermeister nicht normal sein könnte. Diese gewisse „geistige Abnormität" des Ostrowski schien ihm zum Beispiel dadurch bewiesen, daß der Bürgermeister im Kriege in Lankwitz Vorstandsmitglied der „Vaterlandspartei" gewesen und erst zur Zeit der Revolution zu den Sozialdemokraten übergewechselt wäre. Dies wäre nicht gerade ein Beweis für Charakterfestigkeit. Außerdem hätte er alle möglichen Handlungen begangen, die auf eine „geistige Abnormität" schließen ließen. Und er verwies auf die vielen Prozesse, in die Ostrowski in Lankwitz verwickelt gewesen wäre. Als er nach Finsterwalde kam, hätte er sich in den Besitz einer Wohnung gebracht, hätte sogar dem Gerichtsvollzieher Widerstand geleistet, wofür er vom Regierungspräsidenten getadelt worden wäre. Schließlich hätte er in einer öffentlichen Versammlung geradezu zu einer Plünderung aufgefordert, in dem er u. a. auch die Edelmetalle aus

dem Grünen Gewölbe in Dresden für die Öffentlichkeit verwendet sehen wollte. Alle diese Einzelheiten bewiesen, daß Dr. Ostrowski nicht normal sein könnte, meinte der Verteidiger von Fonrobert und beantragte Begutachtung des Bürgermeisters durch den Amtsarzt. Das Gericht verwarf alle diese Anschuldigungen und verurteilte den Fabrikbesitzer wegen Beleidigung zu einer Geldstrafe von 40 RM oder einen Tag Haft zu je 10 Mark.
Die Bürgerlichen ließen nicht locker. Sie versuchten, die Unfähigkeit des Bürgermeisters nachzuweisen. Sie beschuldigten ihn, er habe die Gefahren einer Protestdemonstration streikender Arbeiter für die Stadt nicht erkannt. Aus diesem Grunde habe man ihn übergangen und den Landrat verständigt, der Landjäger zur Aufrechterhaltung der Ordnung zum Einsatz brachte. Ostrowski hingegen bewies der Stadtverordnetenversammlung, daß nach seiner Einschätzung der Situation kein Grund zur Besorgnis vorgelegen hätte. Dem ihn angreifenden bürgerlichen Stadtverordneten entgegnete er höflich: „Gestatten Sie mir, Ihnen leise Vorwürfe zu machen." Der Stadtverordnete war offensichtlich von „agitatorischen Absichten" getrieben worden.[24] Das war ein völlig veränderter Ostrowski, der dem ehemaligen Bürgermeister von Lankwitz in keiner Weise glich. Zur Beurteilung seiner Arbeit in Finsterwalde stellte Ostrowski später stolz fest, es wäre ihm gelungen, im Krisenjahr 1923 den kommunistischen Einfluß zurückzudrängen und die Stimmen der Sozialdemokraten zu mehren.
Seine Fähigkeiten als Bürgermeister waren nun unbestritten. Als er sich 1925 um den Posten des Bürgermeisters des Berliner Bezirks Prenzlauer Berg bewarb, war die dortige SPD-Fraktion sofort bereit, seine Kandidatur zu unterstützen. Am 6. Januar 1926 wählte ihn die Bezirksverordnetenversammlung zum Bürgermeister für 12 Jahre. Am 15. Februar 1926 trat er sein Amt an.[25] Ostrowski erwies sich in den folgenden

---

24 Niederlausitzer Anzeiger, 22. 2. 1925.
25 Prenzlauer Berg 1932: 325 945 Einwohner (Aus: Verwaltungsberichte, 1. 4. 1932–36).

Jahren als ausgezeichneter Verwaltungsfachmann und Kommunalpolitiker und gewann stetig an Ansehen. Dabei vergaß er nie die Erfahrungen, die er in jungen Jahren in anderen Ländern gemacht hatte. Immer wieder warb er um ein friedliches Zusammenleben der Völker, insbesondere der Deutschen und ihrer westlichen Nachbarn, der Franzosen. Mit Gruppen von Berliner Lehrern bereiste er mehrfach die großen französischen Städte, versuchte Partnerschaften zustande zu bringen und die Menschen von der Notwendigkeit des Pazifismus zu überzeugen.
Seine Tätigkeit in Prenzlauer Berg wurde überschattet von der politischen Zerrissenheit jener ersten deutschen Demokratie. In seinem Bezirk, der vorwiegend von Arbeitern bewohnt wurde, spielten sich die politischen Auseinandersetzungen vielfach auf der Straße ab und nahmen ständig drastischere Formen an. Große wirtschaftliche Schwierigkeiten, ausgelöst durch eine Weltwirtschaftskrise und auch die harten Bedingungen, die Deutschland im Versailler Vertrag auferlegt worden waren, schwächten die demokratischen Kräfte. Die Nationalsozialisten machten sich dies in ihrem Streben nach Macht zunutze. Ostrowski war nicht der einzige Berliner Sozialdemokrat, der die Möglichkeiten der Nazis, die Menschen in Not mit Versprechungen auf ihre Seite zu ziehen, falsch einschätzte und sie nicht ernst genug nahm.
Allerdings erinnere ich mich, daß Ostrowski im Jahr 1931 eine meinem Vater schon zugesagte Ernennung zum Studiendirektor wieder zurücknahm, weil er, wie er ihm erklärte, es sich nicht leisten könnte, zwei Juden in seinem Bezirk als Direktoren örtlicher Gymnasien zu beschäftigen. Er spielte damit auf den Direktor Kaim des Gymnasiums in der Pasteurstraße an, der diesen Posten schon innehatte. Ich war damals 8 oder 9 Jahre alt, als ich meine Eltern über den Inhalt des Telefongesprächs, in dem Ostrowski meinem Vater seine Sinnesänderung mitteilte, streiten hörte. Meine Mutter drückte ihre Empörung über so viel Feigheit aus und beschimpfte meinen Vater, daß er diese Entscheidung seines Freundes so einfach hingenommen und sich mit der Versicherung habe abspeisen lassen, Ostrowski würde ihn statt

dessen zum Oberstudienrat ernennen und, sobald nach seiner Einschätzung möglich, auch zum Oberstudiendirektor.
Es war ungefähr um die gleiche Zeit, daß ich Ostrowski oder „Os", wie ihn seine Freunde nannten, zur Kenntnis nahm. Ich spürte die Hochachtung, ja den Respekt, den meine Eltern und ihre Freunde diesem Mann entgegenbrachten. Sprach er, hingen alle an seinen Lippen, schwiegen artig, auch wenn sie Zweifel an seinen Ausführungen hatten, wie sich vielfach später in Privatgesprächen herausstellte. Diese Art der Verehrung übertrug sich natürlich auch auf mich. Überdies machte der große, gut gewachsene, etwas breitschultrige Mann Eindruck auf das kleine Mädchen. Wohl hauptsächlich wegen des Monokels, das er ab und zu, meist um etwas zu lesen, einsetzte. Sein Gesicht bekam dann etwas Verzerrtes. Die eine Gesichtshälfte mit dem Monokel im Auge schien sich in die Länge zu ziehen, die andere nahm an Falten zu. Seine näselnde Sprache schien gut dazu zu passen. Als ich älter wurde, fiel mir natürlich auch seine gepflegte Eleganz auf, auf die er großen Wert zu legen schien. Meine Mutter wies oft auf Ostrowski als Beispiel für meinen Vater, dem sein Äußeres nicht wichtig war. Selbst die Glatze des Ostrowski, die einen wohlgeformten Kopf sichtbar machte, wirkte nicht abstoßend auf mich. Ich freute mich immer auf sein Kommen, weil er stets ein gutes Wort für mich hatte.
Seine einzige Tochter Sabine, Binchen genannt, die er sehr geliebt haben soll, war ganz jung an Gehirnhautentzündung gestorben (1928). Zu seinem Sohn Otto, der seine Erwartungen nicht erfüllte, entwickelte er wohl nie, auch in späteren Jahren nicht, eine ähnliche Beziehung. Seine Ehe war auch schon damals nicht glücklich. Seine Frau nahm offenbar an seiner Arbeit und an seiner Karriere wenig Anteil. Die Ehegatten sollen übereingekommen sein, so berichteten meine Eltern, die Trennung nach dem Abschluß der Studien des Sohnes zu vollziehen, der dann die Mutter zu sich nehmen sollte. In jenen Jahren luden die Ostrowskis die junge Grete Sommer zur Vollendung ihrer Ausbildung in ihre Berliner Wohnung ein, mit deren Eltern sich Ostrowski

in Finsterwalde angefreundet hatte. Grete wurde später Ostrowskis Freundin und nach dem Krieg seine zweite Frau. Am 16. März 1933, nur wenige Wochen, nachdem die Nazis an die Macht gekommen waren, erhielt Ostrowski ein Schreiben des Oberbürgermeisters der Stadt Berlin, Heinrich Sahm, das trotz seiner Knappheit an Deutlichkeit nichts zu wünschen übrig ließ: „... Auf Anordnung des Reichskommissars aller Preußischen Minister des Innern beurlaube ich Sie hiermit mit sofortiger Wirkung bis auf weiteres." Die Nazis hatten ihre Machtübernahme offensichtlich bis in die kleinste Gemeinde sorgfältig vorbereitet. Und sie hatten dabei Helfershelfer wie z. B. den Oberbürgermeister Heinrich Sahm, den die Nazis nicht ohne Grund bis 1935[26] im Amt beließen. Er war parteilos und half ihnen geflissentlich, wie die Entlassung des Ostrowski beweist, Menschen mit demokratischer Gesinnung aus der Stadtverwaltung zu entfernen. Wenige Tage zuvor hatte die SA Ostrowski aus seiner Wohnung in ihre Zentrale in der Hedemannstraße geholt, in der viele Sozialdemokraten gefoltert und geschlagen worden sind. Er war aber kaum 24 Stunden dort. Seinen Einlassungen nach ist er von dort entwichen. Sein Freund und späterer Prozeßgegner Walter Rieck behauptete nach dem Krieg, Oberbürgermeister Sahm, den er von Ostrowskis Verhaftung informiert hatte, hätte Gestapochef Diels um Intervention bei der SA gebeten. Tatsächlich ist es bei Verhaftungen Andersdenkender, die damals an der Tagesordnung waren, selten so glimpflich abgegangen. Normalerweise wurden die Opfer in ein neu eingerichtetes Konzentrationslager eingewiesen. Meist sah man sie nie wieder. Ostrowski selbst berichtete über diese Stunden im SA-Gewahrsam im Freundeskreis. Fetzen davon schnappte ich auf. Er habe durch ein Spalier von SA-Männern laufen müssen, die mit Peitschen wahllos auf ihn eindroschen. Fiel er hin, wurden die Schläge gezielter, bis es ihm gelang, auf allen Vieren kriechend, den Schlägen auszuweichen. Dann trieb man ihn in eine dunkle Zelle und ließ ihn dort ohne Wasser und Nahrung.

26 Sahm war Oberbürgermeister von 1931 an.

Als er schließlich erkennen mußte, daß die Nazis länger als „drei Monate", die er für deren Verbleib an der Macht vorauszusagen pflegte, an der Regierung sein würden, half er seiner Freundin Grete, ein Papiergeschäft mit Leihbücherei in der Westfälischen Straße 64 zu eröffnen. Natürlich füllte ihn diese Tätigkeit nicht aus, abgesehen von wirtschaftlichen Schwierigkeiten, die seine Entlassung mit sich gebracht hatte. Er eignete sich nicht wie andere aus ihren Ämtern fristlos entlassene Sozialdemokraten zum Verkäufer von Eiern oder Landbrot, um den Lebensunterhalt zu verdienen. Eines Tages wandten sich an ihn, so sein Bericht, die Moka-Efti-Betriebe und boten ihm Arbeit in ihrer Vermögensverwaltung an.[27]

1935 strengten die Nazis ein Disziplinarverfahren gegen Ostrowski wegen „politischer Unzuverlässigkeit" an. Er hätte als Bürgermeister „nationalistische Kräfte" nicht gefördert, dafür aber Juden und Kommunisten im Bezirksamt eingestellt. In der Stadtbibliothek hätte man Unmengen von sozialistischer und marxistischer Literatur vorgefunden. Das Jugendamt, die Kinderheime und -horte, das Gesundheitsamt und das Hufeland-Hospital wären vollkommen „verjudet" gewesen. Ostrowski widerlegte diese Behauptungen ganz energisch und machte den jüdischen Stadtrat für Soziales, Walter Friedländer, für derartige Anstellungen verantwortlich. Er brachte sogar Zeugen bei, die seine Aussagen stützten. „Der Angeschuldigte hat die Personalpolitik des Stadtrats Friedländer nicht gebilligt", heißt es als Aussage eines Zeugen namens Bethke im Protokoll. Er hätte z. B. dafür gesorgt, daß die Beförderung eines Juden namens Nathansohn in der von Friedländer gewünschten Weise nicht erfolgte. Als es sich um die Einstellung eines neuen Magistratsrates handelte, hätte der Angeschuldigte zu diesem Bethke gesagt, ein Jude käme dafür auf keinen Fall in Frage. Ostrowskis Haltung zu Friedländer wäre sehr konfliktreich gewesen, fügte der Zeuge hinzu. Ostrowski

27 Moka-Efti, Reformkaffeehausbetriebe mit Tanzdielen, Billardsälen, Fremdenzimmern usw. während der 30er Jahre in verschiedenen Teilen Berlins.

hätte sogar in einem Fall disziplinarisch gegen ihn vorgehen wollen. Ein anderer Zeuge namens Haenel beteuerte, daß Bevorzugungen von Juden nur auf die Initiative von Friedländer zurückgingen. Da für die Geschlechtskrankheitsfürsorge der jüdische Arzt Birnbaum wegen der Zusammensetzung des Bezirksamtes vom Angeschuldigten nicht abgelehnt werden konnte, wurde als Ausgleich der rechts eingestellte Arzt Dr. Schäfer engagiert und, entgegen dem Wunsch des jüdischen Arztes Dr. Korach, mit der Leitung der Stelle betraut. Diese Aussagen zur Entlastung des ehemaligen Bürgermeisters waren zweifellos vorher abgesprochen. Friedländer war bereits im Ausland und für die Nazis unerreichbar. Eine derartige Handlungsweise war zu jener Zeit üblich und wohl auch verständlich, wenngleich die Art, die so wenig Zivilcourage beweist, unangenehm anmutet. Allerdings war damals die Furcht nicht unberechtigt, daß das Leben in Gefahr war, wenn die Nazis Grund fanden, den Menschen in ihrer Hand als Gegner einzustufen. Das Disziplinarverfahren gegen Ostrowski wurde 1938 wegen der „nicht so schwerwiegenden Dienstvergehen" eingestellt.
Ostrowski erwähnt in seinen Aufzeichnungen, er hätte sofort nach dem Verbot der SPD durch die Nazis an illegaler Arbeit teilgenommen. Seine Mitarbeit im „Roten Stoßtrupp" bestätigte 1949 Walter Löffler[28] und behauptete, Ostrowski habe 12 Jahre lang aktiv im Widerstandskampf gestanden. Dafür gibt es keine weiteren Beweise und auch keine Zeugen. Tatsächlich ist ihm nach dem Kriege trotz seiner Forderung der Status eines Opfers des Faschismus nicht zugestanden worden. Ich erinnere mich, daß er im Laufe der Kriegsjahre des öfteren entsprechende Andeutungen über seine Teilnahme am Widerstand machte, vor allem aber immer wieder darauf hinwies, daß er nach dem Sturz des Hitlerregimes für einen höheren Posten ausersehen wäre und darum keine Risiken eingehen könnte.
Dr. Otto Ostrowski hat uns in den schrecklichen Jahren wesentliche Hilfe geleistet. Der Kontakt meiner Eltern zu ihm

28 Löffler war von 1935 bis 1942 verhaftet, daher ist seine Aussage unzureichend.

bestand auch nach 1933 weiter, obwohl wir nun nicht mehr im gleichen Bezirk wohnten und sich unsere Sorgen als Folge der fortgesetzten Diskriminierungen von denen der Nichtjuden erheblich unterschieden. Wir pflegten uns im Geschäft von Grete Sommer zu treffen. Das war relativ ungefährlich. Als die Gestapo meinen Vater am 10. November 1938[29] verhaften wollte, sorgte Ostrowski für ein Versteck, bis die Gefahr vorüber war. Wenige Monate vor dem Krieg gelang es meinem Vater noch auszuwandern. Ostrowski versprach ihm, daß er sich in seiner Abwesenheit unser annehmen würde. Ende 1942 erfuhren wir, daß die seit Oktober 1941 durchgeführten Deportationen von Juden „nach Osten" mit Mord endeten. Freunde boten an, uns zu verstecken. Ostrowski, den wir in den Plan einweihten, war von der Idee begeistert und versprach seinerseits Hilfe. Er bekräftigte diese Bereitschaft mit der Behauptung, daß es mit diesem Hitler nicht mehr lange dauern würde. „Drei Monate" gab er ihm noch, damals im November 1942. Wir wollten ihm so gern glauben! Eine derart optimistische Haltung hatte ihn schon von 1933 an ausgezeichnet. Die ehemaligen sozialdemokratischen Genossen belächelten ihn insgeheim, aber die alte Verehrung für ihn hinderte sie daran, ihm zu widersprechen. Dieser eigentlich unlogische Optimismus beweist nur, wie ungeduldig er selbst auf den Fall der Nazis gewartet hat.
Tatsächlich nahm er uns sofort auf, als wir unser erstes Versteck sehr plötzlich verlassen mußten. Da er und seine Freundin in einer 1½-Zimmer-Wohnung lebten, schliefen wir die ersten Nächte auf den Rückenlehnen von zusammengestellten Sesseln auf dem Fußboden ihres Wohnzimmers. Trotzdem fühlten wir uns bei ihnen geborgen. Dann brachten sie uns im „Kabuff", wie sie es nannten, hinter Grete Sommers Laden unter. Jeden Abend schloß Grete uns dort ein. Wir schliefen auf zwei Auflegern von Couches hinter dem Ladentisch und benutzten die Toilette und das Wasch-

29 Pogromnacht, 9./10. 11. 1938, in der Synagogen angezündet und Hunderte von jüdischen Männern verhaftet wurden.

becken im Keller, wo Grete ihr Warenlager hatte. Allerdings durften wir kein Licht machen, denn das wäre nach Ladenschluß aufgefallen. Am Morgen verließen wir den Laden als erste Kunden. Das konnte natürlich nur ein Übergang sein. Aber Ostrowski sprach immer wieder die Überzeugung aus, daß es diesen Hitler nicht mehr lange an der Macht halten würde. Die militärische Lage, Stalingrad[30] war gerade gefallen, würde die Generäle gegen ihn aufbringen, die, so flüsterte man damals, mit Hitlers Strategie nicht einverstanden waren. An Wochenenden, an denen wir nicht im Laden sein konnten, nahmen die beiden uns in ihr Boots haus in Schildhorn mit.

Meine Mutter und ich empfanden nach einiger Zeit, wie sehr wir zur Belastung geworden waren, und ahnten, daß es nicht so weitergehen könnte. Einmal, auf dem Fußweg nach Schildhorn im dunklen Grunewald, unterhielten wir uns, sprachen unsere Sorgen aus. Ostrowski und Grete waren vorausgegangen. Wir waren jetzt so selten allein und genossen die Möglichkeit eines Gesprächs. Plötzlich stand Ostrowski vor uns. Er zischte uns an. „Wie könnt ihr so ungeniert reden? Wenn euch einer belauscht hätte wie wir jetzt?" Meine Mutter und ich wurden sehr still. Wir schluckten den Vorwurf. Sicherlich hatte Ostrowski recht. Doch dann sagte er etwas, was mich tief befremdete, ich habe es nicht vergessen: „Und damit ihr es gleich wißt: Wenn mal etwas passieren sollte, dann werde ich euch natürlich opfern. Ich muß am Leben bleiben. Ich habe noch eine Karriere vor mir." Wenige Tage später brachte er uns bei anderen ehemaligen Sozialdemokraten unter. Andere Freunde halfen uns weiter, als wir auch aus diesem Versteck fliehen mußten, weil wir Nachbarn aufgefallen waren. Doch der Kontakt zu Ostrowski und vor allem zu seiner Freundin Grete blieb bestehen. Häufig hielt sie Lebensmittel für uns bereit, wohl wissend, daß wir, da wir keine Lebensmittelkarten hatten, auf derartige Geschenke angewiesen waren. Eines Tages bat sie mich, ihr im Geschäft als Verkäuferin zu

---

30 Februar 1943.

helfen. Kein Mensch würde Verdacht schöpfen, daß ich eine versteckte Jüdin wäre, sagte sie. Ich wäre einfach eine Freundin, die ihr hilft.
Zunächst arbeiteten wir zusammen. Ich gewöhnte mich mit der Zeit daran, in einem offenen Laden zu stehen, und wurde Grete wohl eine echte Hilfe. Sie hatte es schwer, Geschäft und Haushalt gleichermaßen zu versorgen. Ostrowski war nicht leicht zufriedenzustellen. Er verlangte, daß sie Mahlzeiten wie in normalen Zeiten herbeizauberte. Er hatte das gute Leben immer schon geschätzt und meinte, daß es ihm auch in Notzeiten zustünde. Grete war findig genug, um ihm die gewünschten Leckerbissen zu verschaffen. Dazu gehörte damals viel Zeit und Wendigkeit. Grete war so in ihre „Geschäfte" verwickelt, daß sie kaum an etwas anderes denken konnte als an die Versorgung ihres verwöhnten „Chefs", wie sie ihn vor anderen Leuten nannte. Gelang ihr das nicht, mäkelte er an ihr herum. Vor den Nachbarn begründete sie ihr Zusammenleben mit Ostrowski, daß er ihr Schwiegervater sei. Sein Sohn, ihr Verlobter, wäre gefallen.
Alles schien Routine zu werden. Als die Wohnung in Halensee am 23. November 1943 zerbombt wurde, flüchteten die beiden vor den immer schwerer werdenden Bombenangriffen auf Berlin nach Calau (Lausitz). Grete überließ mir das Geschäft und kam nur noch einmal in der Woche nach Berlin, um nach dem Rechten zu sehen. Ostrowski blieb meist in Calau. Doch eines Tages stand er plötzlich vor mir. Das war höchst ungewöhnlich. Mich überfiel sofort ein ungutes Gefühl. Er hieß mich, mit ihm ins „Kabuff" zu gehen. Er hätte mir etwas zu sagen. „Wir können dich hier nicht länger beschäftigen", sagte er barsch. „Das ist zu gefährlich geworden." Ich war wie versteinert. Das Geschäft bedeutete mir viel. Am wichtigsten war dabei, daß ich nicht auf der Straße herumlaufen mußte, auf der immer Gefahren für mich lauerten: Polizeikontrollen oder Spitzel. Ostrowski erklärte mir, daß die Gestapo Kontrollen durchführte. Man suchte nach Frauen unter 55 Jahren, die sich der gesetzlichen Pflicht, in Rüstungsbetrieben zu arbeiten, erfolgreich

entzogen hatten. Ich war viel zu verwirrt, um das alles zu verstehen. Mir waren die Gründe auch gleichgültig. Die Tatsache, daß ich nun ohne Arbeit sein würde, überschattete alles. Denn ich konnte mich in unserer Unterkunft in Potsdam-Eigenheim am Tage nicht aufhalten, ohne in dieser kleinen Siedlung Verdacht zu erregen. Es gab zur Kriegszeit niemanden, der im arbeitsfähigen Alter untätig sein durfte. „Was soll ich jetzt bloß machen?" fragte ich den Mann, in dem ich bisher einen Helfer gesehen hatte. Ich spürte zum ersten Mal, daß ihm das ganz gleichgültig war, was aus mir wurde. Er sagte kurz und bündig, der Krieg würde ohnehin sehr bald zu Ende sein. Es war Herbst 1944. Und er müsse überleben. „Wie oft habe ich das schon gehört", muckte ich das erste Mal auf, „bis dahin werden wir wohl verrecken." „Was bist du undankbar!" brauste Ostrowski auf. Noch einmal erklärte er mir, daß er in einer kommenden demokratischen Regierung eine Rolle spielen würde und daß er sein Schicksal nicht von mir abhängig machen könnte. Den Tränen sehr nahe, versicherte ich ihm, daß ich seine bisherige Hilfeleistung für uns nicht unterschätzte. Aber ich wüßte nicht weiter. Meine Mutter wäre bereits ohne Arbeit und könnte nichts anderes tun, als im Park von Sanssouci spazierenzugehen, was auch nur bis zum Anbruch des Winters möglich sein würde. „Na, dann gehst du eben an der Havel spazieren", sagte er und lachte. Ich hatte das Gefühl, daß etwas in mir zerbrach. Dieser Mann hatte uns geholfen. Das war ihm sicher ein Bedürfnis gewesen. Es war eine Möglichkeit, seiner Opposition gegen Hitler Ausdruck zu geben. Dann, als die Niederlage Hitlers offenbar wurde, dachte er nur noch an die Zeit „danach". Gelegentlich fragte er uns: „Na, ihr werdet doch nach dem Krieg nicht vergessen, was wir für euch getan haben?" Meine Mutter versprach das immer hoch und heilig. Für ihn gab es nun nur noch eines, was wichtig war: seine eigene Person.

Das ging so weit, daß er sich im November 1944 von seiner jüdischen Frau scheiden ließ. Er lebte seit Jahren von ihr getrennt, hatte aber, weil sie Jüdin war, zu ihr gehalten. Daß er nun diesen Schritt tat, lag daran – so kolportierten es die Freunde unter der Hand –, daß er zu Recht fürchten mußte, zur Organisation Todt[31] eingezogen zu werden, wie es Mischlingen oder Menschen in sogenannten Mischehen erging. In Zwangsarbeitslagern hätte er Arbeiten verrichten müssen, die dem Krieg dienten, wie Unterstände ausheben oder Barrikaden gegen eindringende Panzer errichten. Diese Lager unterstanden der Regierung. Ihr Regime war entsprechend unangenehm, allerdings nicht mit einem Konzentrationslager vergleichbar. Es muß zu Ostrowskis Ehre festgestellt werden, daß er seine Frau nach der Scheidung in der Nähe von Calau versteckte. Sie überlebte.

Am Ende des Krieges befand sich Ostrowski in Calau und hatte Schwierigkeiten, nach Berlin zu reisen. Derartige Fahrten waren nur mit Erlaubnis der russischen Kommandantur möglich. Als er endlich nach Berlin kam, stellte er sich sofort der Sozialdemokratischen Partei zur Verfügung. Er berief sich auf seine kommunalpolitischen Erfahrungen und Erfolge und wurde zum Sprecher der Partei für diesen Bereich ernannt. Ostrowski hatte nach mehr gestrebt. So glaubte er, Anspruch auf den Posten des Bürgermeisters von Prenzlauer Berg zu haben. Aber dafür kam er zu spät. Gustav Degner, ehemaliger kommunistischer Stadtrat in Prenzlauer Berg unter Ostrowski, saß bereits in dem Sessel, aus dem Ostrowski 1933 vertrieben worden war.[32] Ursprünglich sollte Walter Rieck, ehemaliger Rektor einer weltlichen Schule und enger Freund Ostrowskis seit seiner Lankwitzer Zeit, Bezirksbürgermeister von Wilmersdorf werden. Aber dieser verzichtete auf diesen Posten zugunsten von Ostrowski. Am 15. Mai 1946 trat Ostrowski sein Amt in Wilmersdorf an. Es ist nicht ganz klar, wie es wirklich dazu kam. Rieck behauptete später, als die beiden längst in Fehde

---

31 Organisation Todt: Laut Führererlaß vom 2. 9. 1943: „Die Organisation Todt ist eine Einrichtung zur Durchführung kriegsentscheidender Bauaufgaben aller Art. Der Chef der O.T. (Dr. Fritz Todt) ist der Reichsminister für Bewaffnung und Munition." (Aus „Der verwaltete Mensch", H. G. Adler 1974.)

32 1949 wechselte Degner in den Westteil der Stadt über, weil er mit dem politischen Kurs im Ostsektor nicht mehr einverstanden war.

lagen, er habe Ostrowski aufgrund seiner Erfahrungen auf diesem Gebiet für geeigneter gehalten. Ostrowski erklärte hingegen, Rieck, der in Scheidung von seiner langjährigen Ehefrau Jenny lag, hätte es seines „unmoralischen Lebenswandels" wegen gar nicht wagen können, einen solchen Posten anzunehmen. Er wäre unweigerlich von seiner Ehefrau desavouiert worden.

In den ersten Kommunalwahlen nach dem Krieg am 20. Oktober 1946 entschied sich fast die Hälfte aller Berliner Wähler für die SPD, die durch ihren Kampf gegen die Kommunisten großes Vertrauen innerhalb der Berliner Bevölkerung gewonnen hatte. Bis zu diesem Tag war Arthur Werner der Oberbürgermeister der Stadt, von der sowjetischen Besatzungsmacht unmittelbar nach dem Krieg dazu ernannt. Der parteilose ehemalige Architekt amtierte, gefördert und geführt von ihr, und es war nicht verwunderlich, daß die entscheidenden leitenden Posten im Berliner Magistrat mit Funktionären der KPD besetzt wurden. Der SPD stand nun als stärkster Partei der Posten des Oberbürgermeisters zu. Sie entschied sich für Dr. Otto Ostrowski, den gestandenen Verwaltungsfachmann. Über seine politische Eignung für den schwierigen Posten machte man sich weniger Gedanken, unterlag er doch den Richtlinien seiner Partei. Am 5. Dezember 1946 wählte die Stadtverordnetenversammlung auf Vorschlag der SPD-Fraktion Dr. Otto Ostrowski zum ersten demokratisch legitimierten Oberbürgermeister der Stadt Berlin nach dem Kriege.

Ostrowski begriff ohne Zweifel, daß er nun tatsächlich, seinen Träumen entsprechend, in eine führende Position aufgerückt war. Dem Oberbürgermeister von Berlin kam zu jener Zeit größere Verantwortung auch in politischer Hinsicht zu als jedem seiner Vorgänger. Deutschland war in vier voneinander unabhängige Zonen aufgeteilt worden. Berlin stand gewissermaßen allein da. Dennoch bestand der Anspruch der Stadt, die Hauptstadt eines vereinigten Deutschlands zu sein, weiter. Die vier Siegermächte, die die Stadt in vier Sektoren aufgeteilt hatten, prallten in Berlin aufeinander. Der sich andeutende kalte Krieg ließ damals schon ahnen,

was das für die Stadt, die von sowjetisch besetztem Gebiet umringt war, bedeuten könnte. Die SPD Berlins war seit ihrer Neugründung im Juni 1945 in einen Kampf gegen die Kommunisten verwickelt, die mit allen Mitteln versuchten, die Stadt für sich einzunehmen in der Hoffnung, damit eine Schlüsselposition im Kampf um Deutschland zu erobern. Das gelang ihnen nicht. Die Sozialdemokraten, die sie durch Gründung einer Einheitspartei in eine tödliche Umarmung zwingen wollten, wehrten sich dagegen. In der sowjetisch besetzten Zone gelang den Kommunisten, unterstützt von der Besatzungsmacht, die Bildung einer solchen Einheitspartei (SED). In West-Berlin hingegen erreichte die Mehrheit der SPD-Mitglieder in einer Urabstimmung, die in den von den Sowjets besetzten Gebieten verboten war, den Fortbestand ihrer Partei.[33] Nur in Ost-Berlin, das unter das Viermächte-Abkommen fiel, existierte die SPD bis 1961 formal weiter. Dieser Kampf der Sozialdemokraten gegen ihre Einbeziehung in die sowjetische Einflußsphäre hat zweifellos dazu beigetragen, daß West-Berlin als Insel der Freiheit und der Demokratie erhalten geblieben ist. Die SPD in Westdeutschland wurde erst am 7. Oktober 1945 von Kurt Schumacher wieder gegründet und hatte mit anderen Problemen zu kämpfen als die SPD in Berlin. Aufgrund all dieser Tatsachen konnte sich Ostrowski, seinem Charakter und seinem Ehrgeiz entsprechend, auf einer ähnlich hohen politischen Ebene sehen wie etwa Dr. Schumacher in Westdeutschland, der noch dazu infolge der Teilung Deutschlands und der ungenügenden Verkehrsverbindungen im entfernten Hannover seinen Sitz hatte.
Die Aufgabe, vor der der Oberbürgermeister von Berlin stand, war immens. In der stark zerstörten Stadt mit ihren 3,2 Millionen Einwohnern standen 870 000 Wohnungen zur Verfügung, und von diesen galten nur 370 000 als winterfest. Baumaterial zur Wiederherstellung beschädigter Wohnungen fehlte fast völlig. Ein harter Winter kündigte sich bereits im Dezember 1946 an. Heiz- und Brennmaterial

33 31. 3. 1946.

waren so gut wie nicht vorhanden. 125 000 Schulkinder besaßen keine Schuhe und waren nur mit leichter Kleidung ausgestattet. Die Alten und die Invaliden waren der schwierigen Lage hilflos ausgeliefert.

Ostrowski sah es zur Linderung der Not als vordringliche Aufgabe an, eine leistungsfähige kommunalpolitische Verwaltung aufzubauen. Die Sowjets forderten, daß er in dieser wie in anderen Angelegenheiten mit der SED zusammenarbeitete. Ostrowski interpretierte das so, daß er ohne Zusammenarbeit mit der SED keine Chance für die Stadt hatte. Und so tat er nicht, was seine Partei von ihm als erste Handlung erwartet hatte: nämlich die Funktionäre der SED, die mit Hilfe der sowjetischen Besatzungsmacht eingesetzt worden waren, aus den leitenden Positionen des Magistrats zu entfernen. Ostrowski hätte die Haltung seiner Partei kennen müssen, die nach dem Kampf gegen die Zwangsvereinigung die SED als ihren ärgsten Feind ansah. Aber ebenso hätte die SPD voraussehen können, daß Ostrowski in der Frage einer Zusammenarbeit mit der SED anders dachte als die Mehrheit seiner Partei. Denn im November 1945 hatte er sich auf einem Bezirksparteitag deutlich für eine solche Gemeinsamkeit in der Sache mit der sowjetischen Besatzungsmacht wie auch für eine Beteiligung der Kommunisten an der Regierung ausgesprochen. Niemand hatte damals den Diskussionsbeitrag des kommunalpolitischen Sprechers viel Beachtung geschenkt. Kritiker fügen dann aber fairerweise hinzu, daß er nach der Entscheidung gegen die Zwangsvereinigung fest in der SPD verankert schien.

Nun als Oberbürgermeister hielt sich Ostrowski offensichtlich für bedeutend genug, um eigene Politik machen zu können, unabhängig von seiner Partei und ihren Weisungen. So trat er ohne Auftrag in Verhandlungen mit allen Parteien ein, auch mit führenden Funktionären der SED[34], über ein gemeinsames Handeln in allen wirtschaftlichen und politischen Fragen. Ostrowski begründete dies mit der schwieri-

34 Genannt werden Karl Maron, Hermann Matern und Karl Litke.

gen Situation Berlins, die eine größere Zusammenarbeit der Parteien erforderte. Nach seiner Unterredung mit den SED-Funktionären unterzeichnete Ostrowski ein Protokoll, in dem von der Entlassung einiger SED-Funktionäre aus führenden Positionen der Verwaltung die Rede ist im Austausch für eine Zusammenarbeit mit der SPD. Als dieses Protokoll bekannt wurde, trug es ihm sofort den Vorwurf eigenmächtigen Handelns in lebenswichtigen Fragen ein. Schwerwiegender aber war der Vorwurf, er habe es eine Woche lang unterlassen, seine Partei über die Verhandlungen mit der SED zu unterrichten. Damit habe er hinter dem Rücken seiner Partei eine Einheitsfront mit den Kommunisten schaffen wollen.[35] Es wäre sicher falsch, Ostrowski dies als Nachgiebigkeit gegenüber den Kommunisten anzulasten. Ihm ging es eher um einen Kompromiß, mit dem er die SED in die gemeinsame Aufgabe einbeziehen konnte. Es fehlte ihm einfach der politische Weitblick für die Brisanz der Situation, die er damit schuf.

Nachdem Ostrowski in einer Stadtverordnetenversammlung auch noch seine eigene Partei angriff, es seien Intriganten in seiner Partei, die ihn zu Fall bringen wollten, und er dazu noch in Verdacht kam, sie bei der sowjetischen Besatzungsmacht in Mißkredit gebracht zu haben, verlangten seine Genossen seinen Rücktritt. Er weigerte sich. Der SPD-Vorsitzende Franz Neumann brachte schließlich einen Mißtrauensantrag gegen ihn ein.[36] Er begründete diesen seltenen Vorgang, daß eine Partei ihren eigenen Mann nach vier Monaten im Amt stürzt, mit der Erklärung, Ostrowski habe als exponiertes Mitglied der Sozialdemokratischen Partei eigenmächtig mit einer Partei verhandelt, gegen deren Ziele und Methoden sich die Mehrheit der Wähler am 20. Oktober 1946 ausgesprochen hatte. CDU und LDP unterstützten den Antrag der SPD mit 85 gegen die 20 Stimmen der SED, die aus verständlicher Freude an dieser Situation Ostrowski pries, ihn einen Märtyrer nannte

35 U. a. auf der kommunalpolitischen Tagung der SPD am 7. 3. 1947.

36 11. 4. 1947.

und seine Lage dadurch nur verschlechterte. Da einige Stadtverordnete abwesend waren, fehlten zwei Stimmen an der nötigen Zweidrittelmehrheit, um den Oberbürgermeister abzuwählen. Daraufhin lehnte Ostrowski den Rücktritt ab und erklärte, er beabsichtige „nicht nur vorläufig" weiter im Amt zu bleiben. Die SPD-Fraktion sah sich nun genötigt, noch einmal einen Antrag auf Rücktritt zu formulieren. Ein langes Gespräch mit dem Vorsitzenden Franz Neumann hat Ostrowski schließlich doch noch dazu gebracht, vor der Abstimmung über den zweiten Antrag am 17. April von seinem Amt zurückzutreten. Der Berliner Bevölkerung erklärte Ostrowski am gleichen Tag, er sei durch die Stadtverordnetenversammlung in eine Zwangslage gebracht worden, die ihn nötigte, sein Amt unter Achtung der verfassungsmäßigen Bestimmungen zur Verfügung zu stellen. „Ich gehe bei dieser Entscheidung von meiner Verantwortung für die notleidende Berliner Bevölkerung aus ... Ich wollte als der Anwalt ihrer Nöte bestehen können, und deshalb war ich, was ich immer gewesen bin: ein sozialistischer demokratischer Mensch mit der selbstverständlichen Hingabe an die Gesamtheit."

Der Fall war tief. Das Amt des Oberbürgermeisters war das höchste, was Ostrowski zu jener Zeit hätte erreichen können. Überdies war er bereits 64 Jahre alt und hatte damit wenig Hoffnung auf eine neuerliche berufliche Karriere. Daß er sich dessen bewußt war, geht aus seinen späteren hysterischen Handlungen hervor. Zunächst aber ließ ihn seine Partei nicht ohne verantwortliche Aufgabe, ein Beweis, daß sie sein Verhalten nicht als politischen Verrat ansah. Er wurde zum Leiter des Hauptprüfungsamtes ernannt und damit oberster Kontrollbeamter der Berliner Verwaltung. Und er blieb dies bis 1952, als das Amt in den Landesrechnungshof umgewandelt wurde. Oberbürgermeister Walter Schreiber (CDU) schickte ihn in den Ruhestand. Auch die SPD, bei der er sich darüber beschwerte, war „des Alters wegen" nicht mehr gewillt, Ostrowski zu unterstützen. Tatsächlich aber war Ostrowski noch einmal zu einer politischen Belastung geworden, als er es anläßlich des 31. Jahrestages der Oktoberrevolution 1948 für nötig hielt, die Einladung zu einem Empfang des sowjetischen Gesandten Semjonow anzunehmen. Zu diesem Zeitpunkt war die von der SED und den Sowjets betriebene Spaltung der Stadt Berlin bereits Realität. Überdies versuchten die Sowjets mit einer Monate zuvor begonnenen Blockade, West-Berlin von der freien Welt abzuriegeln, um es in ihr Besatzungsgebiet einzuverleiben.[37] Die Annahme einer Einladung der Sowjets war darum ein Affront gegenüber den Westmächten und der demokratisch regierten Stadt West-Berlin. Kein Zweifel, Ostrowski handelte hier im Trotz, ähnlich wie er sich schon früher verhalten hatte. Die neuerliche Empörung veranlaßte ihn, sein Nebenamt, das des Stadtwahlleiters, aufzugeben mit der Begründung, es wären Zweifel an seiner unparteiischen Haltung aufgekommen.

Ostrowski hatte ohnehin gehofft, nach seiner Absetzung als Oberbürgermeister wieder in die Kommunalpolitik zurückkehren zu können, wohl in der Hoffnung, daß sich hier aufgrund seiner Qualifikationen irgendwann wieder eine Chance für eine führende Position bieten würde. Und er verlangte, daß Walter Rieck ihm das Amt des Bürgermeisters von Wilmersdorf wieder überließ, aus dem er zum Oberbürgermeister gewählt worden war. Dieser lehnte dies natürlich ab. Von da an – 1949 – begann eine Privatfehde zwischen den beiden Männern, die mehr als 30 Jahre in engster Freundschaft verbunden gewesen waren. Wie am Anfang seiner Laufbahn zog Ostrowski seinen Gegner von Gericht zu Gericht. Es schien, als sei die alte Leidenschaft, Prozesse zu führen, wieder aufgebrochen. Aber auch Rieck blieb nicht untätig. Die Anwürfe des einen gegen den anderen gingen über das Maß des Anstands weit hinaus. Ostrowski warf Rieck Unregelmäßigkeiten im Amt vor. Rieck behauptete, Ostrowski hätte mit den Nazis paktiert. Wieder reihte sich Prozeß an Prozeß. Klage an Widerklage. Die beiden alten Männer entwickelten ein großes

37 Beginn der Blockade 24.6.1948. Im Oktober 1948 war die Blockade der Stadt total.

Maß an Phantasie in diesem Kampf vor den Schranken des Gerichts.
Ostrowskis durch nichts zu belegende Behauptungen, er habe in der Nazizeit mehrere Jahre illegal leben müssen, gaben Rieck genügend Material, seinen Gegner unglaubwürdig und lächerlich zu machen. Ostrowskis Antrag auf den Status eines Opfers des Faschismus war mit der Begründung abgelehnt worden, er sei keine sechs Monate, ja im Höchstfall 24 Stunden in Haft gewesen. Ostrowski revanchierte sich, indem er sich im Scheidungsprozeß des Walter Rieck auf die Seite der Ehefrau schlug und alles tat, um dem ehemaligen Freund Grausamkeiten anzulasten. Ja, er schreckte nicht einmal davor zurück, einen Zeugen der Gegenseite, einen Homosexuellen, als unglaubwürdig anzuprangern, da er bereits bei den Nazis wegen seiner Andersartigkeit vor Gericht gestanden hätte.
Nach seiner Pensionierung im Jahre 1952 wandte sich Ostrowski immer wieder an seine Partei, ihm eine neue hohe Position anzuweisen. Als diese nicht reagierte, bot er sich selbst an: 1953 zum Bürgermeister des Bezirks Spandau, 1954 zum Intendanten der Städtischen Oper. Ja, er forderte 1958 noch einmal die Präsidentschaft des Landesrechnungshofes.[38] Als alles nichts fruchtete, verlangte er, zum Stadtältesten ernannt zu werden. „Ihr dürft nicht der Meinung sein, daß ich auf meine Ansprüche auf eine angemessene Ehrenstellung und auf eine Ernennung zum Stadtältesten verzichte."[39] Zwei Monate später drängt er: „Ich erwarte von Euch, daß Ihr spätestens bis zu meinem 76. Geburtstag (am 28.1.1959) zu einer Entscheidung kommt."[40] Aus seinen Unterlagen geht hervor, daß die SPD meist zu antworten unterließ. In einem Brief vom Fraktionsvorstand heißt es, „nach wie vor" könnte man einer Ernennung zum Stadtältesten nicht zustimmen.[41] Dann forderte er

38 4.1.1958 an SPD-Vorsitzenden Franz Neumann.
39 30.10.1958.
40 15.12.1958.
41 14.2.1962.

höhere Bezüge. Er verhielt sich wie ein Besessener, der überzeugt davon war, daß man ihm und der Welt Unrecht täte, wenn man ihn von der Macht fernhielt.
Seine viele Freizeit füllte er auch mit dem Niederschreiben von Gedanken über den Sozialismus und die Demokratie aus. Sie finden sich zum Teil stenographisch in seinen Tagebüchern. Bemerkungen wie: „... Solange Demokratie nicht entwickelt ist, muß sie kontrolliert werden ... Erst wenn die demokratische Entwicklung soweit gediehen ist, daß eine Majorität formaler Demokraten da ist, kann die Kontrolle nachlassen und die Vertiefung demokratischen Lebens von selbst als Kulturentwicklung zur höheren Kultur vor sich gehen ..." „Er (Sozialismus) ist eine sittliche Forderung. Er ist Inhalt und Ziel im Leben eines jeden brot- und kulturhungrigen Menschen ... Nach unserer Überzeugung kann allein die sittliche Kraft sozialistischer Gestaltung der Gesellschaft der epedemisch um uns wütenden Selbstsucht des Individuums, die uns zum Dauerverhängnis werden kann, entgegenwirken ..."
Zu seinem 80. Geburtstag, am 28. Januar 1963, gratulierte man ihm im SPD-Parteiorgan „Berliner Stimme": ... „daß Otto Ostrowski die politischen Gegebenheiten damals anders eingeschätzt hat als die übergroße Mehrheit seiner Partei, ist kein Hinderungsgrund, den um den Sozialismus verdienten Kommunalpolitker unseren Dank und unsere Glückwünsche zu übermitteln." Wenige Monate später, am 19. Juni 1963, starb er unerwartet in seinem Urlaubsort Knokke (Belgien). Allein, seine zweite Frau war 1960 gestorben, soll er an einem Asthmaanfall erstickt sein.
Ein trauriges Leben war zu Ende gegangen. Ein Mensch, der durchaus mit Fähigkeiten ausgestattet war, hatte sich gewissermaßen selbst um die Früchte seines Wirkens gebracht. Seine selbstzerstörerischen Eigenschaften waren stärker als politische und menschliche Einsichten. Das drückt sich auch in seiner Hilfe für uns aus, die fraglos dem ehrlichen Empfinden eines Sozialisten entsprach, dem Nächstenliebe und Solidarität Grundbegriffe sind.

Otto Weidt

Otto Weidt ist Zeit seines Lebens im Schatten geblieben. Zwar strebte er ständig hoch und höher hinaus. Doch er kam nie über Ansätze hinweg. Auch als er in mittleren Jahren seines Lebens erblindete, gab er nicht auf. Eine späte Liebe spornte ihn an, führte ihn denen zu, die schwächer waren als er. Und er half unerschrocken und beispiellos ohne Rücksicht auf Gefahren und seine Person. Es gelang ihm sogar, einige Menschen ihren Mördern zu entreißen. Sein Leben aber endete, wie es begann.

Stolz sprach aus ihm, der sich trotz allem stets zu den Gewinnern zählte, wenn er von seiner Herkunft sprach. Ärmlich sei es gewesen. Sein Vater Max habe als Tapezierer und Polsterer gearbeitet, erst in Rostock, wo Sohn Otto am 2. Mai 1883 geboren wurde, später in Berlin. Im Alter nahm der Vater eine Hausmeisterstelle an. Sie bot sich ihm am Prager Platz 3 im Bayerischen Viertel, einer Gegend, in der viele begüterte jüdische Familien wohnten. Mag sein, daß der junge Weidt dort seine ersten Begegnungen mit Juden hatte. Die finanziellen Mittel der Familie reichten für eine über die Volksschule hinausgehende Bildung des Sohnes nicht aus. Auch er erlernte das Handwerk des Tapezierers und Polsterers, dem er bis zu seiner fast völligen Erblindung nachging. Aber das genügte ihm nicht. Er wollte mehr, wollte weiterkommen im Leben. Nebenher lernte er Innenarchitektur. Es ist nicht bekannt, ob er es zu einem Abschluß brachte. Immerhin eröffnete er im Jahr 1923 eine Polstermöbelfabrik in Spandau, Breite Straße. Sie existierte jedoch nicht lange, da seine erste Ehefrau Martha (geb. Koniecny) – er hatte sie 1912 geheiratet – sie pfänden ließ. Sie hatte 1921 die Scheidung von Otto Weidt wegen Untreue erwirkt und wollte so an das ihr zugesprochene Geld kommen.

Otto Weidt gewöhnte sich früh daran, das Spiel mit offenen Karten zu meiden. Bei Ausbruch des Ersten Weltkrieges war er bereits glühender Pazifist und entschlossen, nie Soldat zu werden. Er suchte und fand ein Leiden, ein Ohrenleiden, mit dem er sich dem Kriegsdienst entziehen konnte.

1918 wurde er nur noch zum Sanitätsdienst herangezogen. Das berichtet einer seiner Söhne, der heute in Frankfurt lebt.[1]

Eigentlich, so Werner Weidt, habe er seinen Vater kaum gekannt, denn seine Eltern hatten seit 1917 getrennt gelebt.[2] Und die Mutter, die sich als Schneiderin in Heimarbeit ein Zubrot verdiente, habe nie ein gutes Wort für den geschiedenen Ehemann übrig gehabt. Sie habe die Kinder nicht ermutigt, den Vater kennenlernen zu wollen, etwas, was den Sohn heute sehr belastet, da er in ihm nun so etwas wie einen Helden sieht. Die Mutter schickte die Söhne häufig auf die Suche nach ihrem geschiedenen Ehemann, um die Alimente einzutreiben. Sie fanden ihn meist, so erinnert sich Werner Weidt, in den in den zwanziger Jahren berühmten Cafés „Haus Vaterland" oder „Romanisches Café". Er saß dort, die schiefen Absätze durch modische Gamaschen verdeckt, in der Brusttasche des abgewetzten Jackets ein weißes Kavalierstüchlein, den Eindruck eines wohlsituierten Gentlemans erweckend. In Wahrheit aber hatte er nur magere Einkünfte, die zu einem großen Teil der Familie zustanden. Adreßbüchern ist zu entnehmen, daß Weidt bis zum Ende des Zweiten Weltkrieges vornehmlich in den ärmeren Gegenden Berlins wohnte – u. a. Großbeerenstraße, Schlesisches Tor, Köpenicker Straße, Wollankstraße. Ab 1940 ist er als Bürstenmacher in der Rosenthaler Straße 39 eingetragen, ein Beruf, den er wohl nach der Erblindung erlernte.

Jedenfalls reichten seine Einkünfte nie – und natürlich auch nicht zur Förderung seiner Bildung. Dennoch blieb er fest entschlossen, nachzuholen, was er in seiner Jugend durch Geldmangel versäumt hatte. Und so war es kein Zufall, daß er in Kaffeehäusern verkehrte, in denen sich Künstler und Literaten zu treffen pflegten. Er suchte den Umgang mit ihnen, von denen er lernen wollte. Einige der Literaten,

---

1 Werner 1914, Hans 1915 geboren. Hans desertierte im 2. Weltkrieg, wurde gefaßt und zum Tode verurteilt. Es gelang ihm, kurz vor Vollstreckung des Urteils zu fliehen.

2 Einige der Daten verdanke ich Wolf Chr. Schulz, Berlin.

denen der eifrige, schon nicht mehr ganz junge Mann auffiel, wurden seine Freunde. Darunter waren auch Juden. Er selbst hatte schon in seiner frühen Jugend zu dichten versucht. Eines seiner Gedichte aus dem Jahr 1917 ist erhalten geblieben.[3] Es stellt in holprigen Worten und hilflosen Reimen den Mann Otto Weidt vor, so wie er sein Leben verstand und zu gestalten suchte.

„... Wie mein Lieben, sah mein Hassen
Ich im Lebenskampf erblassen.
Kalt konnt' ich zu andern lügen,
Und ich konnte mich betrügen.

Nur der eigne Wille lenkt mich,
Und kein Wünschen ferner drängt mich
zu den schwachen blöden Scharen,
Die mir einst Begleiter waren.

Ich kann enden, kann vollenden,
Immer in den eignen Händen
Wird mein Glück und Unglück liegen,
Und kein Schicksal wird es biegen ...“

Cüstrin, 8. Februar 1917[4]

Ich lernte Weidt durch Zufall kennen. In der Jüdischen Gemeinde hatte man ihn mir als einen ungewöhnlichen Menschen empfohlen, der Juden gut behandelte. Das war mehr, als man in jenen Jahren, in denen Juden zu Arbeiten in Munitionsfabriken, in der Müllabfuhr und auf Kohlenhalden gezwungen wurden, zu erwarten hatte. Ich verdankte diesen Rat einer „Beziehung“, wie man das zu nennen pflegte, denn die Vermittlung von Arbeitsstellen war der Jüdischen Gemeinde verboten. Dafür war ein von den Nazis

3 Alle hier aufgeführten Gedichte sind im Besitz von Gary Brenner (Israel).
4 Weidt fügte dem Gedicht 1942 die folgenden Worte hinzu: „Entstanden im Jahre 1917 im Weltkrieg! 1942 meiner lieben guten Ali im Manuskript zum Gedenken übereignet.“

speziell für Juden eingerichtetes Arbeitsamt in der Fontanepromenade 15 zuständig. Weidts erster Versuch, mich und einige andere Juden in seiner Werkstatt einzustellen, mißlang darum auch, als einer aus unserer Gruppe ganz naiv die Quelle unseres Kontaktes preisgab. Weidt geschah nichts. Wir aber wurden zur Strafe einer für ihre schlechten Arbeitsbedingungen berüchtigten Fabrik zugewiesen. ACETA in Lichtenberg, in der Seide für Fallschirme gesponnen wurde, gehörte zum IG-Farben-Konzern. Dort zwang man uns, Monate, bevor es amtlich verordnet war, den Judenstern am Arbeitskittel zu befestigen. „Wehe, wenn ihr den vergeßt", hieß es da.

Eine „arische" Vorarbeiterin, groß, dick, mürrisch – sie wahrte immer einen Meter Abstand, wenn sie mit einer von uns sprach –, führte uns in die Arbeit ein. Wir mußten zehn Stunden an den Maschinen stehen und aufpassen, daß sich der Faden auf den rotierenden Spindeln nicht verhedderte oder abriß oder daß die Spindeln nicht leerliefen. Der Raum war heiß und stickig, die Arbeit hart und mühselig. Der Lärm der Maschinen machte jedes Gespräch mit den Kolleginnen unmöglich. Man hatte uns jüdischen Arbeiterinnen einen Frühstücksraum zugewiesen, in dem zwar ein Tisch stand, Sitzgelegenheiten aber fehlten. Während der Pause gab es nur ein Gesprächsthema: „Wie kommen wir hier wieder raus?" Frauen, die schon länger dort arbeiteten, berichteten, daß es einigen gelungen war, entlassen zu werden. Unterleibskrankheiten wären ein Grund, der akzeptiert wurde, hörten wir. Sie machten das stundenlange Stehen an der Maschine unmöglich.

Unter den Frauen war auch Alice Licht.[5] Sie war Mitte Zwanzig, klein und rundlich, hatte ein ebenmäßiges ovales Gesicht mit einem hellen Teint. Ihr in der Mitte gescheiteltes, im Nacken zusammengehaltenes dunkelbraunes, fast schwarzes Haar wirkte wie ein Rahmen dafür. Ihre großen dunklen Augen strahlten Wärme aus, aber auch eine gewisse Autorität, von der man nicht wußte, woher sie sie

---

5 Am 25. 7. 1916 in Berlin geboren, 1987 in Israel gestorben.

bezog. Sie war sehr bald der Mittelpunkt unserer Gruppe. Sie gab Ratschläge, tröstete und machte den Eindruck, als wisse sie mehr als wir anderen. Sie besann sich schließlich auf ihre Magengeschwüre und wurde als eine der ersten tatsächlich entlassen. Ich traf sie in der Blindenwerkstatt von Otto Weidt wieder. Sie hatte auf ihrer letzten Arbeitsstelle, dem für die Förderung von Auswanderungen durch den Krieg sinnlos gewordenen Hilfsverein für die deutschen Juden, von Otto Weidt gehört.
Es muß im Frühjahr des Jahres 1941 gewesen sein. Im Seitenflügel des Hauses Rosenthaler Straße 39 stieg ich eine ausgetretene, knarrende Holztreppe hinauf und trat in einen kärglich eingerichteten Büroraum. Dort sah ich Weidt, schlank, ja eigentlich hager. Er hielt sich sehr gerade, seine großen knochigen Hände wie tastend vorgestreckt. Über dem zerfurchten Gesicht glattes farbloses dünnes Haar, das er oft nervös zurückstrich. Seine blauen Augen waren fahl. Dennoch hatte ich den Eindruck, als sähe er mich durchdringend an. Otto Weidt war nahezu völlig blind. Er konnte nur Konturen erkennen und war berechtigt, die Blindenbinde zu tragen. Er hieß mich setzen und fragte mich über meine Familie aus. Meines Vaters politische Tätigkeit vor dem Naziregime als Funktionär der Sozialdemokratischen Partei interessierte Ihn besonders. Während er zuhörte, griff er mehrmals nach einem Inhaliergerät und pumpte sich Luft zu. Er wußte, daß ich mir eine Knieverletzung beigebracht hatte, um von IG-Farben entlassen zu werden. Ich war mehrere Tage hintereinander in Schuhen mit sehr hohen Absätzen zur Arbeit gegangen. Das zehnstündige Stehen an der Maschine und die jeweils 1 ½ Stunden in der Straßenbahn vom und zum Arbeitsplatz – es war Juden untersagt, in öffentlichen Verkehrsmitteln zu sitzen – führten dazu, daß ich eines Tages mein rechtes Knie nicht mehr bewegen konnte. Mit der Begründung, daß ich zu stehender Arbeit nicht tauge, wurde auch ich nach peinlichen Untersuchungen von IG-Farben entlassen. Das war so recht nach Weidts Sinn. Er schmunzelte vergnügt, als er Einzelheiten hörte. Möglicherweise erinnerte ihn das an seine eige-

nen Eskapaden im Ersten Weltkrieg, als es ihm mit List und Tücke gelungen war, sich dem Wehrdienst zu entziehen.
Weidt beschloß, noch einmal den Versuch zu machen, meine Einstellung in seiner Werkstatt zu erwirken. Er legte seine Blindenbinde an, die er nur dazu trug, um eine bestimmte Atmosphäre zu schaffen, nahm seinen Stock und stapfte los. Ich machte einen dicken Verband um mein verletztes Knie, stützte mich ebenfalls auf einen Stock und hinkte bescheiden hinter ihm her. „Viel Glück", rief Ali uns nach, die auf ähnliche Weise bei der Firma Weidt angestellt worden war. Der Leiter des Arbeitsamtes Alfred Eschhaus erwartete uns bereits. Ganz anders als das erste Mal dienerte er dieses Mal vor Weidt. Der ließ ihn gewähren. Eschhaus hatte einst bei der jüdischen Textilfirma Seligmann gelernt. Seitdem haßte er Juden und behandelte sie entsprechend. Das genügte als Qualifikation für die Leitung des Arbeitsamtes für Juden.
Weidt, der mich zuvor gewarnt hatte, daß er in Gegenwart Dritter unfreundlich zu mir sein müßte, wandte sich barsch an mich: „Warte draußen!" Er hatte die Tür zum Zimmer von Eschhaus bereits geöffnet, als er sich noch einmal umwandte und zu Eschhaus' Sekretärin sagte: „Bringen Sie doch der Jüdin mal 'nen Stuhl. Die kann nämlich nicht stehen." Nach einer Weile kam Weidt wieder. Sein Gesicht drückte Zufriedenheit aus. Eschhaus eilte hinter ihm her. Beflissen streckte er Weidt zum Abschied die Hand entgegen, und mit einem kurzen Blick auf mein verbundenes Knie sagte er: „Wir sind Ihnen, Herr Weidt, wirklich zu Dank verpflichtet, daß Sie uns immer die Menschen abnehmen, die wir anderswo nicht einsetzen können." Weidt zeigte sich großmütig. Als wir ein Stück vom Arbeitsamt entfernt waren, brachen wir beide in schallendes Gelächter aus. Er nahm seine Blindenbinde ab, ich spielte lässig mit meinem Stock. Das war so eine Art Demonstration gegen die Wirklichkeit. Denn so, wie er fast blind war, so hatte ich in den folgenden Jahren ständig Schmerzen im Knie.
Ich wollte natürlich sehr gern wissen, wie ihm meine Anstellung gelungen war. Er murmelte etwas von Wehrmachts-

Gesetzlich vorgeschriebenes Blindenwarenschutzzeichen

Blinden-Werkstätte Otto Weidt

Mitglied des Reichsverbandes für das Blindenhandwerk

Lieferant staatlicher und städtischer Behörden und Dienststellen

Berlin C 2, Rosenthaler Straße 39 - Fernsprecher: 41 32 97

Herstellung von Bürsten und Besen für Industrie und Haushalt durch Blinde
Vertrieb von Korb- u. Seilerwaren sowie allen Blindenindustrie-Erzeugnissen

Bankkonto: Berliner Stadtbank, Geschäftsstelle 18, Kontonummer 83 18 · Postscheckkonto: Berlin Nr. 727 96

Berlin C 2, den

Kopfbogen der Blindenwerkstatt von Otto Weidt

aufträgen. Aber mir war klar, daß das nicht alles sein konnte. Wehrmachtsaufträge hatte er tatsächlich. Schließlich brauchte auch die Wehrmacht Besen und Bürsten. Das machte die Blindenwerkstatt Weidt zu einem „wehrwichtigen" Betrieb. Dafür wurden ihm Rohmaterialien zugeteilt wie Roßhaar oder Kunstfaser, und er hatte das Recht, Arbeiter anzustellen. Er beschäftigte etwa dreißig, bis auf drei ausschließlich jüdische Blinde und Taubstumme. Gelegentlich führte er einen Teil dieser Wehrmachtsaufträge auch aus, aber meist nur auf ausdrückliches Drängen der Wehrmachtsdienststellen. Das ihm dafür zugeteilte Material benutzte er für „andere" Geschäfte. Besen und Bürsten waren ebenso knapp wie alle anderen Waren während des Krieges. Sie eigneten sich hervorragend als Tauschobjekte. Es gab kaum ein großes Warenhaus in Berlin, mit dem Weidt nicht derartige Geschäfte tätigte. Roßhaarbesen gegen Parfüm, gegen Pullover, Kleider, Schirme oder Lebensmittel. Natürlich reichte das ihm zugeteilte Material nicht aus, um diesen großen Interessentenkreis mit seinen Waren zu befriedigen. Dazu kam noch, daß er seine Arbeiter gelegentlich mit Tabakwaren und Nahrungsmitteln versorgte, die Juden in nur sehr begrenztem Umfang erhielten. Er wußte zweifellos aus eigener Erfahrung, was es heißt, Hunger zu haben. Und schließlich benutzte er die auf diese Weise erstandenen Waren, um sich der Gunst der Gestapo zu versichern, die alle Betriebe unter Kontrolle hielt, in denen Juden beschäftigt wurden. Daraus entstand eine Beziehung, die für uns wie für ihn von größter Bedeutung werden sollte. Ich begriff schließlich, daß ich meine Einstellung bei Weidt der Bestechlichkeit des Alfred Eschhaus verdankte. Dieser ist übrigens kurioserweise seiner Korruptheit wegen später von den Nazis verhaftet, einer Strafkompanie zugeteilt worden und in Polen gefallen.[6]

Weidt suchte und fand noch andere Quellen, die ihm die fortgesetzte Produktion in seiner Werkstatt sicherten. Polizeioffiziere des der Werkstatt gegenüberliegenden Reviers lieferten Pferdeschwänze. Soldaten brachten Roßhaar aus den besetzten Gebieten, und dann gab es natürlich noch einen schwarzen Markt, von dem Weidt zu kaufen oft gezwungen war, wenn alle Quellen einschließlich des ihm zugeteilten Materials trotz seiner vielseitigen Manipulationen versiegt waren. Seine Geschäfte waren oft so verworren und so verwickelt, daß er sie kaum noch übersehen konnte. Er entwikkelte dabei eine ungewöhnliche Phantasie und Wendigkeit, und den Spaß an dieser Sache, die auch etwas mit dem Übertölpeln der Nazis zu tun hatte, verlor er nie.

Dabei war ihm Alice Licht eine große Hilfe. In vieler Hinsicht glich sie Weidt, obwohl sie ihm in Erziehung und Bildung zweifellos überlegen war. In der Art zu denken, über Tricks nachzusinnen, die Schwierigkeiten aus dem Weg räumen könnten, Geschäfte anzubieten, deren Grundlage zweifelhaft war, schienen sie einander sehr ähnlich. Wie er konnte auch sie ab und zu uns gegenüber ihre Überlegenheit ausspielen, die sie aus ihrer Beziehung zu Weidt herleitete. Sie versuchte gar nicht erst, ihre enge Freundschaft zu Otto Weidt zu verbergen. Ihrem Verhalten nach war sie sehr stolz auf diese Beziehung. Sie pflegte sein Büro ohne anzuklopfen zu betreten, und dann stand sie an seinen Schreibtisch gelehnt neben ihm und hörte ihrem „Pappi" zu, wie sie ihn nannte. Wie stark diese Beziehung zwischen den beiden wirklich war, ahnte niemand von uns. Ja, es gab sogar Zweifel an der Aufrichtigkeit der Gefühle der jungen Frau für den sehr viel älteren Mann, der alles tat, um ihr das Leben als Jüdin zu erleichtern.

6 Auskunft der in Köln lebenden Tante, 1994.

Über seine Liebe zu der jungen Frau gibt das erst nach dem Tode von Ali entdeckte Gedicht aus dem Jahr 1942 Auskunft, in dem er seine Ali anspricht. Es heißt dort:

„... Getreue Kameradschaft war der Grund.
Heut' – bist Du Inhalt meines Lebens.
Heut' – küss' ich Deinen roten Mund
und weiß, ich lebte nicht vergebens.

Und immer, wo Du bist,
da werd ich sein
und immer als Dein Schatten Dich begleiten.
Und wenn mein Leben dann zu Ende ist,
Dann soll mein Wille und mein Wunsch Dich leiten ...“[7]

Aber dieses Menschliche, Allzumenschliche, das sich da vor unseren Augen abspielte, war im Grunde so nebensächlich, denn unsere Situation war keineswegs normal. „Verschwindet“, rief uns Ali manchmal zu, während sie hastig ihren Kittel mit dem Judenstern überwarf und in die Zurichterei rannte, wo sie sich den sehenden Arbeitern zugesellte, die das Material für die Produktion vorbereiteten. Der Buchhalter Werner Basch und ich verließen dann ebenso eilig das Büro und liefen die Treppen hoch, um uns in einer Hausnische zu verstecken. Das Knarren der ausgetretenen Holzstiegen, das uns hätte verraten können, habe ich noch heute im Ohr. Es war natürlich unter Strafe verboten, Juden im Büro zu beschäftigen. Durch eine Klingel, die unser Lehrmädchen betätigte, die den Eingang überwachte, wurden wir auf „unerwünschten“ Besuch aufmerksam gemacht. Gustav Kremmert, Weidts offizieller Stellvertreter, setzte sich dann an Baschs Schreibtisch. Alis Platz nahm das ebenfalls „arische“ Lehrmädchen ein. Das war alles viele Male geübt worden. Von unserem Versteck aus hörten wir dann Weidts Stimme, der den Kriminaloberinspektor Franz-Wilhelm Prüfer, stellvertretender Leiter des Judenreferats bei der Berliner

7 Weidt schrieb dieses Gedicht zu Alice Lichts 26. Geburtstag, am 25. Juli 1942.

Gestapo, liebenswürdig begrüßte. Er hatte ihn wiederholt aufgefordert, sich anzusehen, wie er, Weidt, einen Betrieb mit jüdischen Arbeitern leitete. Dies schien ihm ein wichtiger Schachzug im Umgang mit der Gestapo. Prüfer hatte diese Einladung angenommen und erschien gelegentlich unangemeldet. Weidt führte ihn durch den Betrieb, zeigte ihm die Waschräume, die angeblich nur für die „Saujuden" bestimmt waren, fuhr auch den einen oder anderen Blinden böse an: „Was, das soll ein Besen sein, was du da machst?" und berichtete dem Prüfer mit stets neuen, erfundenen Einzelheiten, wie es ihm gelungen war, die Disziplin unter den Juden zu halten, die, wenn man sie nur richtig anpackte, gute Arbeiter wären. „Wie soll ich denn meine Wehrmachtsaufträge ausführen, wenn ich die Juden nicht hätte?" seufzte er dann, jeder Zoll ein Schauspieler. Prüfer, von dem die Berliner Staatsanwaltschaft nach dem Kriege angab, er sei bei einem Bombenangriff auf Berlin umgekommen, gab sich wohlwollend.[8] In der Werkstatt wagte niemand zu mukken. Erst wenn der Gestapobeamte außer Sicht- und Hörweite war, erschien Weidt wieder in der Werkstatt. Er wollte sein unfreundliches Verhalten erklären. Aber die Blinden hatten schon verstanden. Man lachte sich die Spannung von der Seele. Weidt verteilte Zigaretten als Trost für die ausgestandenen Minuten der Angst. Für uns, die wir im Büro arbeiteten, arrangierte er zuweilen gesellige Abende, um uns von unseren Sorgen und Ängsten abzulenken. Dafür trieb er Fleisch auf, wohl auf dem schwarzen Markt oder in einer Pferdeschlächterei, oder Wein, von dem er uns wieder und wieder eingoß. Aber keiner von uns wurde betrunken. Unsere Nerven waren viel zu angespannt.

Alle verehrten Weidt – die Blinden, die Taubstummen, die sehenden Arbeiter (unter ihnen ehemalige Kaufleute,

---

8 In einem Gespräch mit der Autorin berichtete Inge Held (vormals Rosenthaler Straße 43) im Jahr 1988, daß ihrer Kenntnis nach Prüfer den Krieg überlebt habe. Sie sei kurz nach Kriegsende 1945 in der Werkstatt anwesend gewesen, als Frau und Fräulein Prüfer von Otto Weidt eine Bescheinigung verlangten („Persilschein"), die bestätigte, daß Prüfer ihm bei seinen Bemühungen, Juden zu retten, behiflich gewesen ist.

Anwälte, Bankdirektoren, Apotheker) und wir, die wir Zeugen seiner verwirrenden, aber meist erfolgreichen Manipulationen wurden. Mit Dankbarkeit, die wir kaum noch in Worte zu fassen in der Lage waren, verfolgten wir seine unablässigen Bemühungen, uns vor den Quälereien unserer Peiniger zu schützen. Meine Verehrung für Weidt ging so weit, daß mich Tadel von ihm, einer fehlerhaften Arbeit wegen, tagelang bedrückte. Ich suchte dann in seinem Verhalten mir gegenüber nach einem Verzeihen. Ali wurde häufig zum Mittler, indem sie mir berichtete, er habe die Angelegenheit längst vergessen, oder sie brachte ihn dazu, mir ein aufmunterndes Wort zu sagen. Tatsächlich tat ja auch Weidt viel mehr, als uns nur praktische Hilfe zu leisten. In der Art, wie er uns zur Seite stand, gab er uns ein Stück Selbstachtung zurück.
Von Anfang an hatten uns die Nazis durch eine Vielzahl von Verboten und Verordnungen gedemütigt, hatten uns zu Untermenschen erklärt, die wie Insekten vernichtet werden müßten, hatten die Juden entmenschlicht, als sie sie zwangen, bei ungenügender Ernährung Schwerstarbeit zu leisten mit der steten Todesdrohung im Nacken. Weidt tat etwas für jene Zeit Unglaubliches, er behandelte uns wie Menschen, kam uns mit Respekt entgegen, teilte unsere Sorgen und Nöte, sann mit uns über Auswege nach und half uns, uns aufzurichten. Dabei handelte er so, wie es sein Charakter und sein Denken ihm eingaben. Da war nichts Gekünsteltes, nichts Unechtes, kein Falsch. Einmal glaubten wir, Otto Weidt sei dem Tode nahe. Er saß kreidebleich in einem Sessel seines Büros und atmete nur noch mit großer Mühe. Es glich eher einem Röcheln. Ali saß neben ihm, eng an ihn geschmiegt. Sie streichelte ihn ab und zu und hielt die Hand ihres „Pappi". In der Art, wie sie sich gab, schürte sie unsere Angst, wir könnten unseren Beschützer verlieren. Ich lief weinend zu ihm und küßte ihn. Er ließ es geschehen wie einer, der sicher war, daß ihm eine solche Verehrung zukomme. Dann strich er mir übers Haar, als ob er mich segnete. Einen Tag später war er wieder der Alte, kraftvoll, energisch, einfallsreich. Nichts erinnerte mehr an den verfallenen alten Mann vom Tag zuvor. Wir

sahen es mit Erleichterung und stellten keine Fragen. Ob er die Krankheit nur simuliert hatte, um unsere Loyalität oder vor allem die seiner Freundin Ali zu prüfen?
Daß Weidt wie alle Menschen Fehler hatte, daß er aufbrausen konnte, oft ungerecht war, ja manchmal sogar impulsiv und unbedacht handelte, übersahen wir. Es schien so unwesentlich.
„Gib die Listen her", Otto Weidt sagte es barsch, wohl eine Spur herrischer, als er es gewollt hatte. Levy verstand nicht. Der kleine, etwas gebeugte alte Mann im braunen Arbeitskittel wich an die Wand zurück. Seine Augen flackerten vor Angst. Sein halb geöffneter Mund schien wie zu einem Schrei erstarrt. In der Hand hielt er ein braunes Kuvert, das er Weidt nur zögernd hinreichte. Dieser zog bereits seinen Mantel an, befahl Ali, ihm die Blindenbinde zu bringen, und ging, laut mit dem Stock auf den Boden stoßend, aus dem Büro. Dabei sprach er kein Wort. Die Lippen waren fest zugekniffen. Sein Gesicht drückte unbändige Wut aus. Seit dem ersten Transport im Oktober 1941 wußten wir, daß die „Listen", auf denen die Juden ihren Besitz einzutragen hatten, die organisatorische Vorstufe für die Deportationen „nach dem Osten", wie wir es in Unkenntnis des wahren Zieles nannten, bedeuteten.
Niemand wußte, was er vorhatte. Wir standen im Büro herum. Zu keiner Arbeit fähig. Gustav Kremmert und das kaum 16jährige Lehrmädchen Erika – die einzigen nichtjüdischen Büroangestellten – wußten nicht, was sie sagen sollten. Der etwas schlaksig wirkende Kremmert klopfte dem kleinen Levy, der seine Hände wie schützend vor die blinden Augen hielt, auf die Schulter und sagte unbeholfen, fast mit Rührung in der Stimme: „Wird schon in Ordnung gehen." Levy, die Augen voller Tränen, unfähig ein Wort herauszubringen, ging wie im Trance in die Werkstatt zurück. Dort saßen die Blinden an ihren Werkbänken, keiner sprach ein Wort. Sonst sangen sie oder erzählten einander Witze, während ihre Hände schematisch die Faser durch die Bohrlöcher der Besenhölzer zogen. Sie taten es schneller, als ein Sehender es gekonnt hätte.

Daß Weidt mit den „Listen" von Levy möglicherweise zur Gestapo gegangen war, wie Ali andeutete, verbreitete sich wie ein Lauffeuer in der Werkstatt. Ich weiß nicht mehr, wann Weidt von der Gestapo zurückkehrte. Aber als er das Büro betrat, zuckte es in seinem Gesicht. Er beachtete uns gar nicht, sondern ging noch im Mantel schnurstracks in die Werkstatt. „Das ist erledigt", sagte er zu dem angstvoll wartenden Levy. „Erledigt?" Levy murmelte das Wort verständnislos. „Ja", sagte Weidt, und mit einem verschmitzten Lächeln auf dem Gesicht fügte er hinzu: „Wie soll ich denn meine Wehrmachtsaufträge ausführen, wenn man mir meine Arbeiter wegnimmt?" Die Leute begannen zu lachen. Erst leise in sich hinein, dann immer lauter. Sie hatten verstanden. Levy wollte Weidt die Hand küssen. Aber der wehrte ihn unwillig ab und verschwand. Als er wieder im Büro auftauchte, war er der strahlende Sieger, aufrecht, den Schalk in den Augen, die tiefen Gesichtsfurchen zum Lachen verzogen. Zugleich aber warnte er: „Dieses Mal hat es geklappt. Ob das nächste Mal auch?"

Einmal – es muß im Sommer 1942 gewesen sein, so Werner Weidt – habe ihn der Vater über Feldpost gebeten, sich anläßlich eines Heimaturlaubs von der russischen Front bei ihm zu melden. Diese Aufforderung überraschte den Sohn, der viele Jahre nichts von seinem Vater gehört hatte. Als dann Vater und Sohn im Herbst 1942 im Café „Haus Vaterland" in Berlin zusammentrafen, sprach man über die Lage und den Krieg im besonderen. Der Sohn sagte so ganz unvermittelt, wie er heute meint, die vielen Opfer des Krieges dürften nicht umsonst gewesen sein, damit andeutend, daß er einen Sieg der deutschen Wehrmacht herbeisehnte. Das Gespräch zwischen Vater und Sohn endete fast abrupt. Otto Weidt verließ seinen Sohn offensichtlich äußerst verstimmt. Daß sein eigener Sohn in diesem besonderen Fall seiner Meinung so fern stand, ließ ihn seinem Charakter entsprechend handeln. Kurz nach dem Treffen erhielt der Sohn einen Brief vom Vater, in dem er ohne Angabe von Gründen seine Enttäuschung über die Entwicklung des Sohnes ausdrückte und ihm ankündigte, daß er ihn enterben würde. Es scheint mir nicht ausgeschlossen zu sein, daß Weidt von seinem Sohn Unterstützung für seine versteckten Juden erhofft hatte, etwa durch Papiere gefallener Soldaten oder ähnliches. Ich erinnere mich an Gespräche, in denen überlegt worden war, wie man an derartige Papiere herankommen könne. Denn als Weidt den verbrecherischen Absichten der Nazis auf offiziellen Wegen nichts mehr entgegenzusetzen hatte, half er jüdischen Menschen unterzutauchen, um der Deportation zu entgehen.

Einmal war es ihm auch noch gelungen, seine Blinden und Taubstummen, die die Gestapo direkt aus der Werkstatt abgeholt hatte, aus dem Sammellager in der Großen Hamburger Straße 26 zu befreien. An jenem Tage sollten alle behinderten Juden Berlins für einen Direkttransport nach Auschwitz zusammengetrieben werden. Ich kann die Szene nicht vergessen, als Gestapobeamte in die Werkstatt stürmten, die Anweisung brüllten, alle Blinden und Taubstummen hätten sich sofort zum Abtransport bereitzumachen. Dann stellten sich einige breitbeinig vor die Ausgänge. Von dem protestierenden Weidt nahmen sie kaum Notiz, lehnten jedes Gespräch mit ihm ab mit den Worten, sie hätten nur die Pflicht, die Blinden und Taubstummen im Sammellager abzuliefern. Die Blinden waren zunächst wie gelähmt. Aber dann legten sie ohne einen Laut ihre Arbeit nieder, nahmen ihre Sachen, faßten einander an den Händen und gingen tastend und still die Treppe hinunter. Nur die verzweifelte Stimme der blinden Rosi Katz war zu hören: „Ich habe ja noch nicht einmal eine warme Jacke für die Reise." Die Gestapobeamten trieben die Blinden an, von denen einige ohne ihre sehenden Frauen hilflos waren, schoben sie in einen bereitstehenden Möbelwagen und fuhren eiligst mit ihnen davon. In wenigen Minuten war alles vorüber. Die drei zurückbleibenden nichtjüdischen Blinden weinten. „Was machen sie bloß mit denen?" rief die blinde Charlotte ahnungsvoll. Weidt schwieg. Er schien wie ohnmächtig vor Zorn. Kurz nach der Abfahrt des Möbelwagens stürmte er aus dem Büro, die Blindenbinde am Arm, seinen Stock in der Hand. Keiner wagte ihn anzusprechen. Dieses Mal wußte jeder, wohin er ging. Und noch einmal wurde er Sieger. Er verdankte es ohne Frage der Bestechlichkeit der Gestapo, daß er seine Blinden wenige Stunden danach eigenhändig wieder aus dem Sammellager abholen konnte. Regina Scheer zitiert in ihrem Buch „Ahawa" eine Nonne, Schwester Agnes aus dem nahen St.-Hedwigs-Krankenhaus, die Zeugin dieser Befreiung geworden war. Es sei an einem Tag im Februar 1942 gewesen. Sie sei vom Bahnhof Börse (heute Hackescher Markt) gekommen, als sie dem Zug der Blinden begegnete. Sie beschrieb „die Bürstenbinder mit dem Stern auf der Brust, die sich aneinander festhielten, einander stützten, und vor ihnen ging Otto Weidt", zurück in die Blindenwerkstatt.

Aber dies war nun wirklich das letzte Mal. Als Weidt dessen gewahr wurde, konzentrierte er sich darauf, Verstecke zum Untertauchen für Juden zu finden. Für die ihm nahestehende Ali und ihre Eltern mietete er einen Laden in der Neanderstraße 18 (heute Heinrich-Heine-Straße), den er als Nebenlager für seine Werkstatt deklarierte. Die hinter dem Schaufenster hoch aufgestapelten großen Straßenbesen versperrten den Blick in das Innere des Ladens, in dem drei Personen hausten. In der Werkstatt tauchten neue Mitarbeiter auf, deren Angaben über ihre Vergangenheit und ihr Zuhause oft ungenau waren. Die Blinden ahnten, daß es sich um untergetauchte Juden handelte. Im Keller der Werkstatt sammelte sich Mobiliar an, das offensichtlich zur Aufbewahrung untergestellt worden war. Auch letzte Stücke unserer Habe fanden dort Aufnahme.

Andeutungen und Gerüchte über diese neuen Aktivitäten des Otto Weidt wurden in der Werkstatt flüsternd weitergegeben. Und so kam es, daß Weidt bedrängt wurde. Chaim Horn, 41 Jahre alt, flehte ihn wieder und wieder an. „Bitte, Papa Weidt, hilf mir, versteck uns. Ich will nicht deportiert werden, hab' Familie – mein Sohn, meine Tochter."[9] Weidt

---

9 Seine Frau Machle (* 1903), sein Sohn Max (* 1926), seine Tochter Ruth (* 1930).

gab nach. Er trennte den letzten Raum von der wie ein Schlauch angelegten Werkstatt ab, indem er einen großen Kleiderschrank vor die Tür schieben ließ. In diesem Schrank hingen Mäntel und Kleider, schob man sie beiseite, dann wurde offenbar, daß der Schrank keine Rückwand hatte. So konnte das spätere Asyl der Familie Horn betreten werden. Auch die Versorgung mit Lebensmitteln für die vierköpfige Familie übernahm Weidt. Die blinde Marianne Bernstein, die bei Weidt Heimarbeit machte, und ihre sehende Zwillingsschwester Annelie verfolgten ihn mit der gleichen Bitte. Auch sie brachte er unter. Der blinde Dr. Frey erschien Tage, nachdem er angeblich deportiert worden war, wieder zur Arbeit. Auch er offensichtlich ein Schützling von Weidt.[10]

Ich kenne nicht alle, denen er geholfen hat. Es gibt Zahlen darüber, die wohl einem Brief von Otto Weidt an die Zeitung „Der Aufbau" in Amerika nach dem Krieg entnommen sind. Sie sind aber nicht beweisbar. Georg Licht, Alis Vater, wurde in seinem Versteck schwer krank. Er litt an Magengeschwüren, die wohl als Folge der ungenügenden Ernährung und der damit verbundenen nervlichen Belastungen aufbrachen. Sein Zustand war derart, daß sich Weidt ganz offen darüber Gedanken machte, wie er sich im Fall des Todes der Leiche entledigen sollte, ohne dabei entdeckt zu werden. Schließlich wagte er, sich an Dr. Gustav Held zu wenden, der seine Praxis gegenüber der Blindenwerkstatt Rosenthaler Straße 43 hatte. Sie kannten einander nicht. Held war Jude und nur noch für die Behandlung jüdischer Patienten zugelassen. Da seine Frau Inge nicht Jüdin war, wurde er nicht deportiert. Held und seine Frau schlichen sich eines Nachts zur Behandlung des Georg Licht in sein Versteck in der Neanderstraße. Licht überlebte seine schwere Krankheit. Von da an waren die Helds Verbündete, und sie halfen, wo sie nur konnten. Er als Arzt und seine nichtjüdische Ehefrau beim Heranschaffen von Lebensmitteln für die Versteckten.[11]

---

10 Dr. Erich Frey wurde gefaßt und am 19.4.1944 nach Theresienstadt deportiert. Von da kam er nach Auschwitz (31.5.1944), wo er als „verschollen" gilt.

11 Inge Held im Gespräch mit der Autorin, 1988, Berlin.

Ich brauchte Weidts Hilfe nicht zum Untertauchen. Aber dennoch machte er sich Gedanken über mein Leben im Untergrund. „Eure Freunde nehmen euch auf", sagte er. „Gut und schön. Aber was werdet ihr am Tage machen? Bei ihnen herumsitzen?" Er hatte recht. Das hatten wir nicht bedacht. Aber er schien sich darüber schon Gedanken gemacht zu haben. „Du kannst bei mir weiterarbeiten. Wir müssen sehen, wie wir das legalisieren können", überlegte er. Ich verstand kein Wort. Er ließ mich gehen und versicherte mir, er werde schon Rat finden. Wenige Tage später erschien Frau Porschütz im Büro. Ich wußte, daß sie eine Wohnung in der Nähe des Alexanderplatzes hatte und Schwarzmarktgeschäfte betrieb. Auch daß sie Mädchen, die dem ältesten Gewerbe nachgingen, beherbergte oder vermittelte. Ich hatte nie viel Notiz von ihr genommen. Sie hatte stets Zugang zu Weidt und duzte ihn auch. Später erfuhr ich, daß Frau Porschütz auf Weidts Bitten die Zwillinge Bernstein aufgenommen und sie ihren „Mädchen" als Nichten aus der Provinz vorgestellt hatte. Diese glaubten diese Mär und nahmen sich der beiden an. Sie warnten sie übrigens vor ihrem schrecklichen Beruf.
Weidt bat mich eines Tages in sein Büro und fragte: „Hast du 50 Mark dabei?" Ich sah ihn erstaunt an, nickte aber. „Hier, Frau Porschütz hat ein Arbeitsbuch für dich besorgt." Er hielt es mir hin. Ich starrte auf den Adler mit dem Naziemblem und begriff nichts. „Du bist von nun an Gertrud Dereszewski. Sieh dir genau an, wann sie geboren ist. Lern' das alles hübsch auswendig." Gertrud Dereszewski war ein Mädchen, das Frau Porschütz „nahestand". Es hatte keinerlei Neigung, wie andere deutsche Frauen bis zum Alter von 55 Jahren zur Arbeit in einem Rüstungswerk zwangsverpflichtet zu werden, und zog es vor, ihrem bisherigen Gewerbe weiter nachzugehen. So verkaufte sie ihr Arbeitsbuch und erhielt dafür von Weidt einen Betriebsausweis mit Bild als Arbeiterin der Blindenwerkstatt. Weidt händigte auch mir einen derartigen Ausweis aus, der sich von dem ihren nur durch mein Bild unterschied. Den Kunden und Vertretern der Firma Weidt, die mich kannten, wurde nun meine

Absender:

Wohnort, auch Zustell- oder Leitpostamt

Straße, Hausnummer, Gebäudeteil, Stockwerk oder Postschließfachnummer

Postkarte

6 DEUTSCHES REICH 6

DER FÜHRER
KENNT NUR KAMPF,
ARBEIT UND SORGE.
WIR WOLLEN
IHM DEN TEIL ABNEHMEN,
DEN WIR IHM ABNEHMEN
KÖNNEN

An die Gefolgschaft
der Blindenwerkstatt
Otto Weidt
Berlin – C 2
Rosenthalerstr. 39

Straße, Hausnummer, Gebäudeteil, Stockwerk oder Postschließfachnummer

Postkarte, die Alice Licht auf dem Transport von Berlin nach Theresienstadt schrieb

Heirat mitgeteilt. Ali, die wie Weidt viel Sinn für die Komik dieser Situation hatte, brachte einen alten Trauring mit. Ich war nun Frau Dereszewski und mußte viele zweideutige Witze, die sich auf die Hochzeitsnacht bezogen, über mich ergehen lassen. Es schien alles so einfach zu sein.

Doch eines Tages lief Chaim Horn einem jüdischen Spitzel in die Arme, glaubte einen alten Freund getroffen zu haben, und erzählte ihm alles, was sich bei Weidt zutrug. Der verpfiff ihn bei der Gestapo. Die kam sofort, suchte und fand die Horns und die Lichts in ihren Verstecken.[12] Alle wurden deportiert. Dem Weidt tat niemand etwas. „Ich war schon zehn Mal verhaftet", sagte er wegwerfend. „Sie denken, sie brauchen mich noch", fügte er ironisch hinzu. Offensichtlich hatte er die Gestapo durch die Annahme seiner Geschenke derart kompromittiert, daß er sie in gewisser Weise in der Hand hatte. Ja, es war ihm sogar gelungen, die Gestapo dazu zu bewegen, Ali und ihre Eltern in das soge-

12 5.10.1943; Horn und Familie 14.10.1943 nach Auschwitz (44. Transport aus Berlin), dort „verschollen".

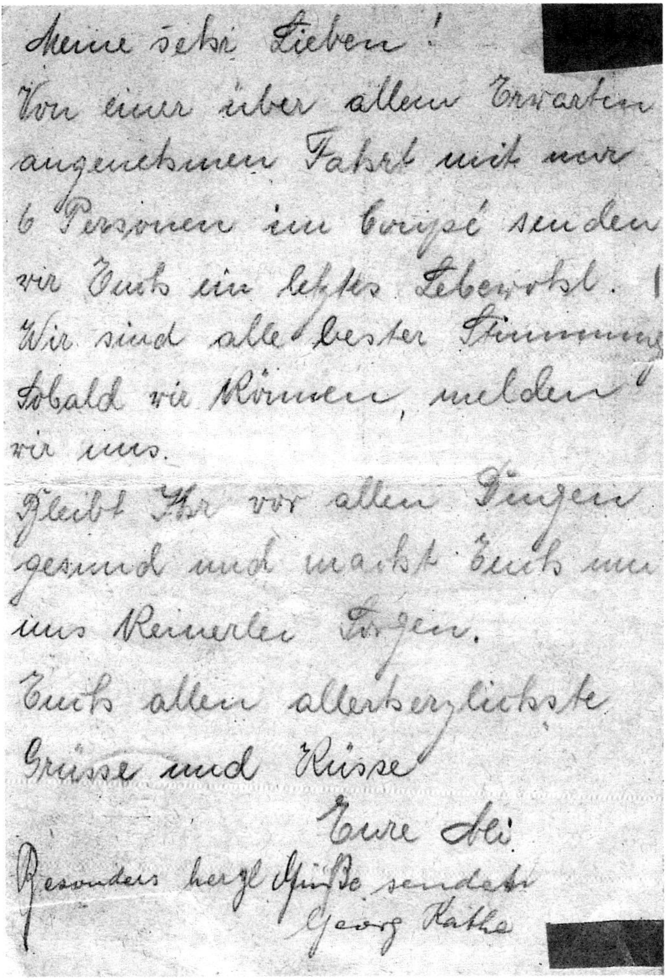

Meine sehr Lieben!
Von einer über allen Erwarten angenehmen Fahrt mit nur 6 Personen im Coupé senden wir Euch ein letztes Lebewohl. Wir sind alle bester Stimmung. Sobald wir können, melden wir uns.
Bleibt Ihr vor allen Dingen gesund und macht Euch um uns keinerlei Sorgen.
Euch allen allerherzlichste Grüsse und Küsse
Eure Ali.
Besonders herzl. Grüße sendet
Georg Kathe

nannte Vorzugslager Theresienstadt, das auch für verdiente Funktionäre der Jüdischen Gemeinde und alte Leute reserviert war, und nicht sofort nach Auschwitz zu deportieren. Neuesten Informationen zufolge, die nicht mehr bewiesen werden können, sei Ali bei der Verhaftung ihrer Eltern nicht anwesend gewesen. Daraufhin habe die Gestapo Otto Weidt einen Handel vorgeschlagen. Wenn Ali sich freiwillig stellte, würde die gesamte Familie nach Theresienstadt gebracht werden. Sonst kämen die Eltern auf direktem Weg nach Auschwitz. Auf dieses Versprechen hin habe Weidt der Entscheidung Alis, mit ihren Eltern zu gehen, nicht mehr im Wege gestanden.[13] Vom ersten Tage an schickte Otto Weidt Pakete nach Theresienstadt, mit denen, einem Bericht Alis zufolge,[14] 25 Personen am Leben gehalten werden konnten.[15] Unter ihnen waren ehemalige Mitarbeiter der Blindenwerkstatt, aber auch Robert Gerö, ein Jude aus Wien, den die Wiener Gestapo Anfang 1943 als Assistenten mitbrachte, um Berlin „judenrein" zu machen. Weidt gelang es, Gerö durch Ali, die ihn aus einer früheren Tätigkeit kannte, an sich zu ziehen, und er erfuhr so vorzeitig über bevorstehende Razzien. Wie er über ihn dachte, schrieb Ali in einem Gedicht vom 29. Januar 1943:

> *„Meine Damen und Herren, da kam neulich auch eine neue Sensation:*
> *Ein Herr vom Donaustrand reist in besonderer Mission.*
> *Ein jeder fragt: Hab'n Sie schon gehört,*
> *ein jeder sagt: Ich weiß es genau und schwört.*
> *Schon raunt man es durch alle Gassen,*
> *schon schallt es laut durch alle Straßen,*
> *Robert Gerö, Kultusgemeinde Wien,*
> *ist plötzlich mit seinem Stab in Berlin erschien',*
> *um die Kleinen der KG erst anzulern',*
> *wie man Wohnungen leer macht von Juden mit Sternen.*
> *Doch waren seine Ratschläge auch gut und nicht gar rar,*
> *Man wußte zum Beispiel, wo Razzia war…"*

Aber dann kam eine Karte von Ali. Sie hatte sie unfrankiert aus dem Zug geworfen mit der Bitte an den Finder, sie in den Kasten zu stecken. Diese Karte ist erhalten geblieben.

13 Georg, Käthe und Alice Licht mit 98. Alterstransport nach Theresienstadt, 15.11. 1943, von da nach Auschwitz, wo Georg und Käthe „verschollen".

14 Brief von Alice Licht an „Yad Vashem", 4.10.1962.

15 In Yad Vashem befinden sich zahlreiche vorgedruckte Karten, die den Erhalt eines Paketes von Otto Weidt bestätigen.

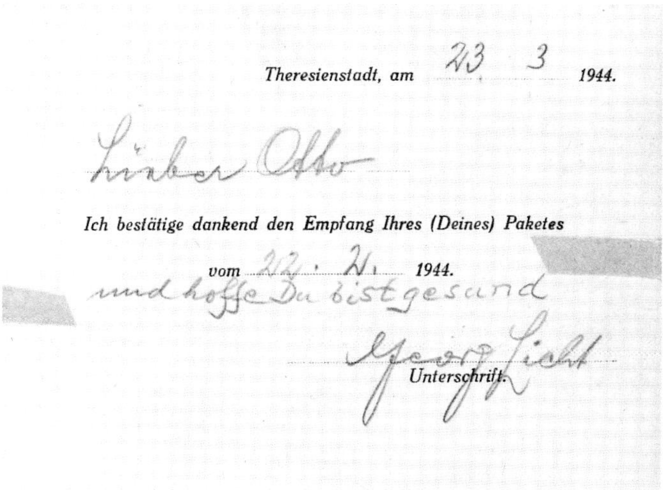

Theresienstadt, am 23 3 1944.

Lieber Otto

Ich bestätige dankend den Empfang Ihres (Deines) Paketes

vom 22. 2. 1944.

und hoffe Du bist gesund

Georg Licht

Unterschrift.

Georg Licht, Vater Alices, bestätigt erhaltene Paketsendung

Sie erreichte ihr Ziel. Die Post erhob Nachgebühr.[16] Auf dieser Karte informierte Ali ihren Berliner Freund, daß der Zug, in dem sie und ihre Eltern nun saßen, von Theresienstadt nach Auschwitz ginge, „in das Arbeitslager Birkenau". „Ich werde nach Auschwitz fahren. Ich kann sie dort doch nicht einfach umkommen lassen", sagte Weidt energisch und verzweifelt zugleich. „Wenn alles Dich verläßt und Du glaubst Dich allein, so bin ich bei Dir als Dein Schatten ...", so hatte er es in einem seiner Gedichte versprochen, und so handelte er nun auch.

Weidts zweite Ehefrau Else[17], die er 1936 geheiratet hatte, spielte eigentlich keine Rolle mehr in seinem Leben. Sie hielt sich auch nur selten in Berlin auf. Meist nur, um ihren Mann um die Finanzierung weiterer ausgedehnter Reisen zu bitten, die er ihr großzügig und sicher nicht ganz uneigennützig zugestand. Else Weidt, die sich von Ali mit „Mutti" titulieren ließ, gab nie zu erkennen, ob sie etwas von der engen

16 Mittels Stempel von der Post vermerkt (siehe S. 108).

17 Else Weidt geb. Nast aus Breslau, 15. 8. 1902.

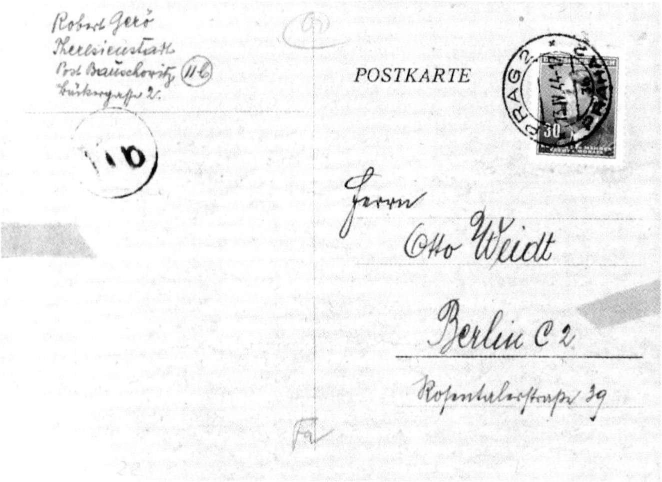

Robert Gerö
Theresienstadt
Post Bauschowitz (IIb)
Bäckergasse 2.

POSTKARTE

Herrn
Otto Weidt
Berlin C 2
Rosenthalerstraße 39

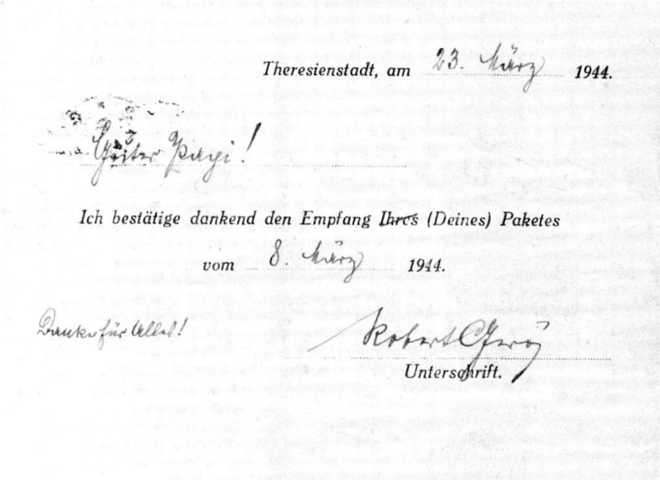

Theresienstadt, am 23. März 1944.

Ich bestätige dankend den Empfang ~~Ihres~~ (Deines) Paketes

vom 8. März 1944.

Danke für Alles!

Robert Gerö

Unterschrift.

Robert Gerö, inzwischen selbst nach Theresienstadt deportiert, dankt für ein Paket

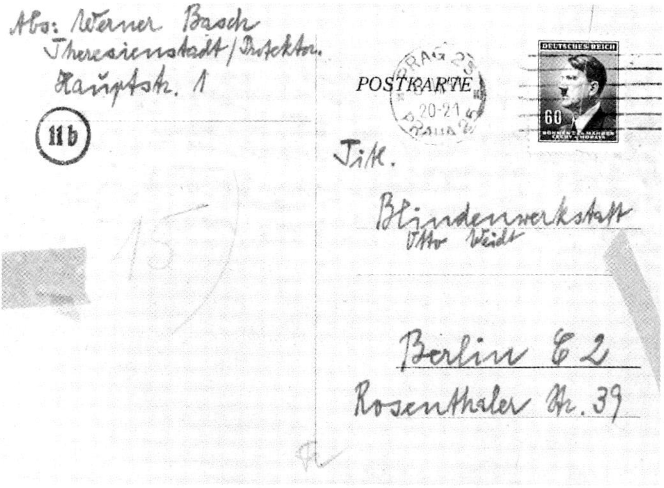

Abs: Werner Basch
Theresienstadt / Protektor.
Hauptstr. 1

11b

POSTKARTE

PRAG 25
20-21

DEUTSCHES REICH
60
BÖHMEN UND MÄHREN
ČECHY A MORAVA

Fa.

Blindenwerkstatt
Otto Weidt

Berlin C 2
Rosenthaler Str. 39

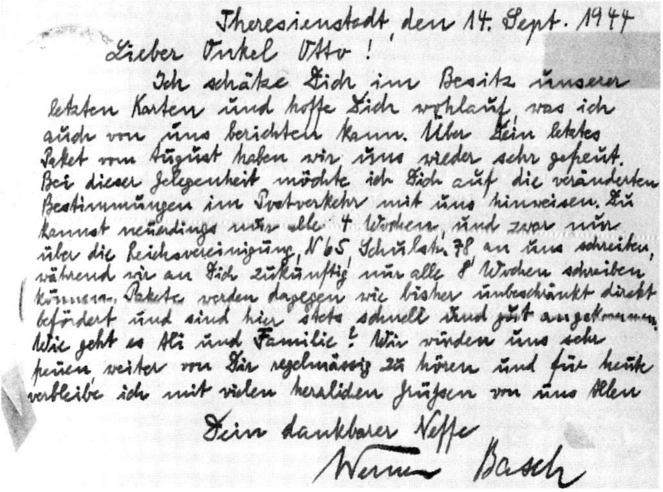

Theresienstadt, den 14. Sept. 1944

Lieber Onkel Otto!

Ich schätze Dich im Besitz unserer letzten Karten und hoffe Dich wohlauf was ich auch von uns berichten kann. Über Dein letztes Paket vom August haben wir uns wieder sehr gefreut. Bei dieser Gelegenheit möchte ich Dich auf die veränderten Bestimmungen im Postverkehr mit uns hinweisen. Du kannst neuerdings nur alle 4 Wochen und zwar nur über die Reichsvereinigung, N 65, Schulstr. 78 an uns schreiben, während wir an Dich zukünftig nur alle 8 Wochen schreiben können. Pakete werden dagegen wie bisher unbeschränkt direkt befördert und sind hier stets schnell und gut angekommen. Wie geht es Ali und Familie? Wir würden uns sehr freuen weiter von Dir regelmässig zu hören und für heute verbleibe ich mit vielen herzlichen Grüßen von uns Allen

Dein dankbarer Neffe

Werner Basch

Werner Basch, einst Buchhalter bei Otto Weidt (siehe S. 93), erläutert die neuen Postbestimmungen nach Theresienstadt

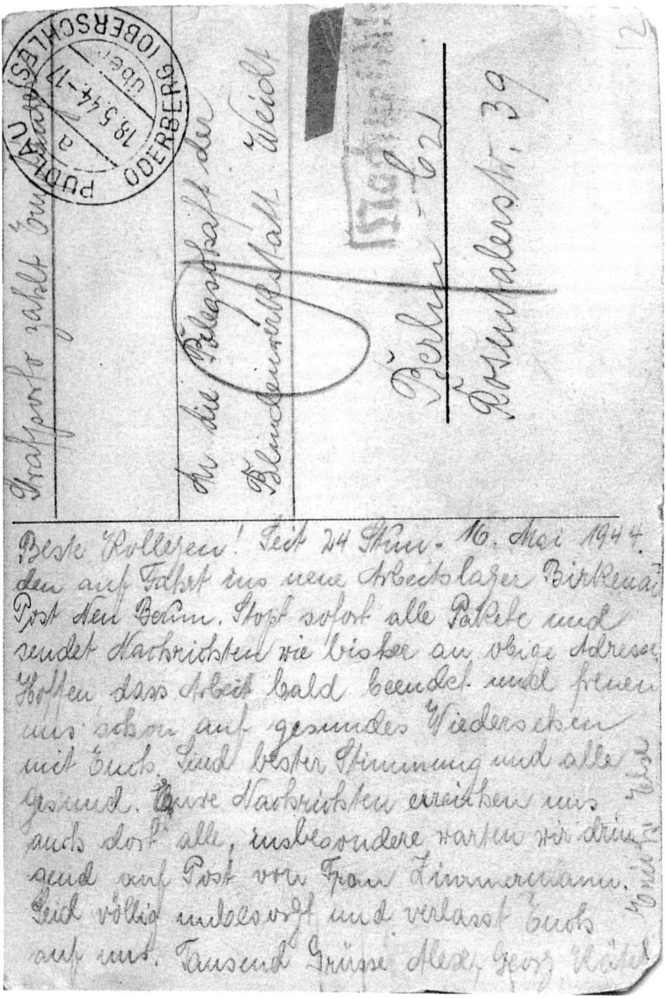
Strafporto zahlt Empfänger

An die Pflegschaft der Blindenwerkstatt Weidt
Berlin C2
Rosenthalerstr. 39

Beste Kollegen! Seit 24 Stun- 16. Mai 1944.
den auf Fahrt ins neue Arbeitslager Birkenau
Post Neu Berun. Stopt sofort alle Pakete und
sendet Nachrichten wie bisher an obige Adresse.
Hoffen dass Arbeit bald beendet und freuen
uns schon auf gesundes Wiedersehen
mit Euch. Sind bester Stimmung und alle
gesund. Unsere Nachrichten erreichen uns
auch dort alle, insbesondere warten wir drin-
gend auf Post von Frau Zimmermann.
Seid völlig unbesorgt und verlasst Euch
auf uns. Tausend Grüsse Alex, Georg, Käthe

Diese Karte wurde von Alice Licht auf ihrem Transport von Theresienstadt nach Birkenau aus dem Zug geworfen, in der Hoffnung, daß jemand sie findet und befördert

Der Berghof Popp

Beziehung ihres Mannes zu Ali ahnte. Sie genoß das Leben, das ihr zweifellos in früheren Zeiten verschlossen geblieben war, skilaufend und sonnenbadend in der Gesellschaft von Ehefrauen aus besseren Kreisen, deren Männer irgendwo an der Front standen.

Ich hörte Weidt ungläubig zu, als er von der Absicht sprach, Ali auch in Auschwitz beistehen zu wollen. Aber er tat es. Er fuhr nach Auschwitz. Es existiert ein Brief, den er am 9. 6. 1944 an die Leitung des Konzentrationslagers geschrieben hat, in dem er Besen und Bürsten für das Lager anbot und seinen Besuch für einen späteren Termin im Monat Juni ankündigte. Allem Anschein nach hat die Waffen-SS, die Leitung von Auschwitz II, die den Eingang des Briefes am 15. Juni bestätigte, auf seine Waren keinen Wert gelegt. Denn er schilderte später, daß er lange vor dem Tor des KZ gestanden und polnische Zivilarbeiter angesprochen habe, die im Lager aus- und eingingen. Einmal sei er sogar mit einem Brotwagen ins Lager gefahren, hatte aber nichts ausmachen können, was seinen Zwecken diente.[18]

Es ist nicht mehr feststellbar, wie er von Alis Überführung nach Christianstadt erfuhr. Den Unterlagen nach ist er erst in Christianstadt erfolgreich gewesen.[19] Nach Wochen dort hatte er einen Polen ausgemacht, der Ali von gemeinsamer Fabrikarbeit her kannte. Nach einer kleinen Belohnung nahm er einen Brief für Ali mit, später auch Medizin, Verbandstoffe und Stärkungsmittel. Briefe des Polen, die diese Verbindung bestätigen, sind erhalten geblieben.[20] Weidt mietete dann ein Zimmer in der naheliegenden Stadt, zahlte die Miete Monate im voraus, hinterließ Kleidung und Geld für Ali, die er dies alles über den Polen wissen ließ.

---

18 Es geht aus den Unterlagen nicht hervor, ob er ins Lager Auschwitz oder Christianstadt (Krzystkowice) eingefahren ist, in das Ali zu einem späteren Termin (Juli 1944) gebracht wurde.

19 Christianstadt (Krzystkowice): Nebenlager von KZ Groß-Rosen für Frauen, die für deutsche Firmen zu arbeiten gezwungen wurden.

20 Der erste Brief ist offenbar mit „z" gezeichnet. Von dem zweiten Brief, der mit „N" gezeichnet ist, existiert nur das erste und das letzte Blatt. Wahrscheinlich besteht der Brief aus mindestens 3 Blättern.

Und als die deutsche Armee das Gebiet und die SS auch das KZ im Januar 1945 vor den herannahenden Russen evakuierte, gelang es Ali, sich zusammen mit einer Freundin dorthin durchzuschlagen. Von da zurück nach Berlin war nur noch eine Kleinigkeit.

„Dann war Ali wieder da." Eine Zeugin aus dem Haus, die anonym bleiben wollte, behauptete, Ali in den letzten Kriegstagen im Luftschutzkeller des Hauses Rosenthaler Straße 39 gesehen zu haben. Sie habe ein schwarzes Tuch um ihre dunklen Haare getragen und eine große dunkle Brille aufgehabt. Kurze Zeit später habe Weidt sie in seine Wohnung nach Zehlendorf gebracht.[21] Dort erlebte sie das Kriegsende.

Kurz nach dem Krieg kümmerte sich Weidt um den Aufbau eines jüdischen Waisenhauses und Altersheims in Berlin-Niederschönhausen. Es war für Menschen gedacht, die, aus dem KZ zurückgekehrt, weder Angehörige noch eine Bleibe hatten. In einem Brief an die jüdische Zeitung „Der Aufbau" in Amerika[22] suchte er die Bedeutung seines Kampfes in der Nazizeit ins rechte Licht zu rücken und forderte zugleich, in Berlin ein Mahnmal für die ermordeten Juden zu errichten. Die Antwort, sofern es eine gab, erreichte ihn wohl nicht mehr. Die meisten seiner Schützlinge, die durch ihn überleben konnten, hatten Deutschland auf dem schnellsten Weg verlassen und waren in der ganzen Welt verstreut. Er war bald allein in Berlin mit seinen Erinnerungen an eine Zeit, die seinem Herzleiden sicher nicht gut getan hatte. Und er war schnell bettelarm. Die Blindenwerkstatt existierte nicht mehr. Die neuen Herren in Ost-Berlin interessierte Otto Weidt nicht – im Gegenteil, viele Jahre taten sie alles, um sein Andenken auszulöschen, ja, ihn als Kriminellen zu diskreditieren. Ali, mit der ihn so viel verbunden hatte, war kurz nach Kriegsende nach den USA ausgewandert. In einem Bericht an die nationale Gedenkstätte

21 Gobineaustraße, heute Salzachstraße.

22 Der Brief von Weidt an den „Aufbau" ist vom 21.10.1947.

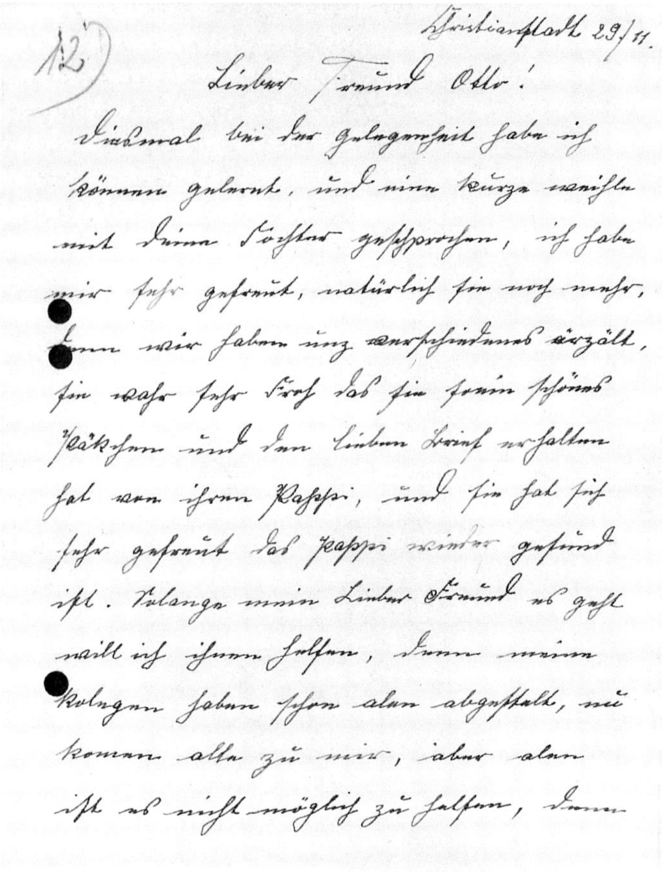

Christianstadt 29/11.

Lieber Freund Otto!

Diesmal bei der Gelegenheit habe ich kennen gelernt, und eine kurze Weile mit Deiner Tochter gesprochen, ich habe mir sehr gefreut, natürlich sie noch mehr, denn wir haben uns verschiedenes erzählt, sie war sehr froh das sie sein schönes Päkchen und den lieben Brief erhalten hat von ihrem Pappi, und sie hat sich sehr gefreut das Pappi wieder gesund ist. Solange mein Lieber Freund es geht will ich ihnen helfen, denn meine Kolegen haben schon alen abgestellt, sie komen alle zu mir, aber alen ist es nicht möglich zu helfen, denn

S. 112–115:
Briefe des Polen aus Christianstadt, den Otto Weidt dazu gewinnen konnte, den Kontakt mit Alice Licht, seiner „Tochter", herzustellen

ich versäume bald alle Tage eine
Stunde, aber das macht mir Spaß
und und eine große Freude, wenn ich
zu ihr Seite stehen kann, und bitte
die Marion eine kleine Gehilfe zu machen,
ich fühle mich überzulastet sein aber das
sind meine besten Fräundinnen zusein,
und deshalb will ich allen deinen helfen
und auch alles machen was möglich ist.
Lieber Freund das Weihnachtsgeschenk
habe ich erhalten den 28./11. und danke
dir recht schön, das Kind wird eine
große Freude haben, und den selben
Tag habe ich gleich abgeschickt, Alle
anderen Sachen sind angekommen

und das hat sie auch alles erhalten, und den zusätzlichen Lebensmittel, wird sie wohl gebrauchen, denn sie wahr sehr damit zufrieden, und kochen können sie sich auch. Aber Lieber Freund was haben sie mich angericht, damalz wie das Paket mit die roten Bücher kam ich in meine Ledertasche eingepackt. und die Marion abgegeben, und sie nahm die Ledertasche mit in anderes Haus, und hat, wie sie mir erzählt hat, dorte ausgepackt und hat dies da gelassen, und es sollte eine d... eingegangen sein und hatt es geklaut ich habe mich etwas drüber geärgert, natürlich ist es weck. also Lieber Freund Otto nochmalz danke für das schöne geschenke bleibe recht bald gesund, das wier unz

unz wieder nach dem Kriege wiedersehen so wie das erste mal

herzlichen Gruß von deinem Freund J.
und Schwester Ali.

Herr Wirth.

Ich habe alles mögliche für ihre Tochter bis jetzt geholfen und übersendet, was ich nicht machen kann, geht es nicht. aber Herr Wirth das einzige die Briefbogen kann ich mir nicht erlauben sie abzugeben, denn sie können selbst verstehen was es möglich kann man nur machen, denn den Briefbogen kann ich nur an ihnen Adressieren, den Blocks hatte sie bekommen, und das langt sie zu. und bitte kurz und bündig zu Antworten, denn die Lage hatte sich von jetzt ab verschärft.

---

bitte mir nicht alz übel zunehmen denn es geht es nicht anders zumachen

Herzliche grüße sendet an ihnen N.

Aufwiedersehen.

Israels „Yad Vashem"[23] erwähnte sie, daß sie sich zur Auswanderung überreden ließ aufgrund eines Versprechens, daß Weidt ihr zu einem späteren Zeitpunkt nach Amerika folgen könnte. Es ist nicht bekannt, wer ihr dieses Versprechen gab. Es wurde jedenfalls nie eingelöst. Alis Gedicht vom April 1945 „Zurück – Glück" macht klar, daß ihre Auswanderung und damit ihre Trennung von Otto Weidt nicht zufällig war. Es sind die Worte eines Menschen, der nach dem fürchterlichen Erleben seine Ruhe noch nicht wiedergefunden hatte.

„April 1945

Zurück – Glück

Ich dachte einst – mein ganzes Glück
liegt in dem kleinen Wort ‚zurück'.
Auf all meinen Wegen, in all meinen Träumen
war nur ein einziges Überschäumen
nach diesem ‚Zurück'.

Und Wochen vergingen und jagten dahin,
nichts hatte weiter für mich Sinn
wie der Glaube an dieses ‚Zurück',
Und jetzt nachdem dieses Zurück gescheh'n,
verlier' ich die Kraft zum Weitergeh'n
und hab' das Gefühl, ich könnt' nur noch leben,
wenn tausend Ketten mich umgeben,
wenn Peitschenhiebe um mich knallen
und Schimpf und Fluch mein Ohr umschallen.

Und Dir, mein Freund, dem all mein Herz gehört,
hab' ich die Ruh, die Du so brauchst,
gar bitterlich zerstört.
Ich weiß, daß Du mir alles schenkst.
Ich weiß, daß nur an mich Du denkst,
und statt des Danks weich ich zurück
vor dem, vom dem ich glaubt, es wär' das große Glück.

---

23 Am 4.10.1962.

Doch glaube mir, es liegt nicht weit
die von mir so ersehnte Zeit,
in der ich wieder ‚Ich' werd' sein,
und dann wird stets mit ganzer Kraft
gebaut, gelebt und neu geschafft,
und wahr wird dann, daß in dem Wort ‚zurück'
der Grundstein haftet für das große Glück."

Ali heiratete schließlich in New York. Einer Bitte, zu ihm nach Berlin zurückzukommen, die sich einem Hilfeschrei gleich in einem Brief von Weidt an sie im Herbst 1947 befindet, folgte sie nicht mehr. Otto Weidt starb am 22. Dezember 1947 an Herzversagen im Alter von 64 Jahren. Mit ihm ging ein Mensch besonderer Art.

Otto Weidt war ein Kämpfer, ein Mensch, der gegen Unrecht aufbegehrte und Menschlichkeit und Menschenrechte zu seinen obersten Maximen zählte. Aber er war auch ein Draufgänger und ein Spieler, ja sogar ein Hochstapler. Seine Erblindung, die er mit allen Mitteln zu verbergen suchte, mag eine Menge damit zu tun gehabt haben. Er kannte keine Hindernisse, und wo welche auftauchten, nahm er keine Notiz von ihnen. Er lachte uns aus, wenn wir uns um ihn sorgten, wenn er ohne Blindenbinde über den Fahrdamm eilte, als gäbe es keinen Straßenverkehr. Oder wenn er sich zu Unvorsichtigkeiten hinreißen ließ, die ihn mit den Nazigesetzen mehr als unbedingt notwendig in Konflikt brachten. Gefahren schienen ihm simple Herausforderungen, mit denen er wie selbstverständlich fertigwerden würde. Darum wich er ihnen auch nicht aus. Das Leben hatte ihn hart gemacht. Er haßte die Nazis, die Menschen ihrer Religion, ihrer Rasse, ihrer politischen Auffassungen wegen verfolgten und mordeten. Er bekämpfte sie auf seine Weise. Denn Kämpfen war ihm zur zweiten Natur geworden. Sie ließ keine Angst zu. Vor der Gestapo, die er seiner Meinung nach durch seine Bestechungen gefügig gemacht zu haben glaubte, stand er ohne Furcht. Fast möchte man meinen, er suchte das Risiko. Auch die Art, wie er sein

Geschäft führte, das in jeder Hinsicht auf tönernen Füßen stand, war die eines Spielers. In jenen Jahren gewann er, ja, es ging ihm finanziell sogar besser als jemals im Leben durch seine „schwarz" hergestellten Waren. Er demonstrierte auch seinen Wohlstand nach außen, indem er stets makellos und aufs Feinste gekleidet war. Der Winterpelz, die grauen Gamaschen, der steife Hut und das weiße Kavalierstüchlein in der Brusttasche waren seine Markenzeichen. Seinem Benehmen haftete der Hauch von Hochstapelei an, wenn er Außenstehenden immer den Eindruck vermittelte, er sei sein ganzes Leben der Gebende gewesen.

In der nationalen Gedenkstätte Israels „Yad Vashem" ist auch Otto Weidt als einer der „Gerechten unter den Völkern" registriert.[24] Eine Tafel in einem Hain, in dem der Retter gedacht wird, erinnert dort an ihn. 1988 stellte ich einen Antrag an den Magistrat von Berlin (DDR) mit der Bitte, dieses Mannes in irgendeiner Form zu gedenken. Eine Antwort erhielt ich nicht. Dies geschah ohne Zweifel getreu der Politik der DDR, die jüdische Opfer unbeachtet ließ und ihren Helfern die Ehrung versagte. Im Berlin nach der „Wende" dauerte es fast zwei Jahre, bis bürokratische Einwände gegen die Anbringung einer Tafel zur Erinnerung an Otto Weidt überwunden werden konnten. Und das nur mit der unbürokratischen Hilfe der Präsidentin des Berliner Abgeordnetenhauses, Hanna-Renate Laurien. Am 13. Mai 1993 konnte ich die Tafel am Haus Rosenthaler Straße 39 enthüllen, auf der es heißt: „In diesem Hause befand sich die Blindenwerkstatt Otto Weidt. Hier arbeiteten in den Jahren 1940–1943 vornehmlich jüdische Blinde und Taubstumme. Unter Einsatz seines Lebens beschützte Weidt sie und tat alles, um sie vor dem sicheren Tod zu retten. Mehrere Menschen verdanken ihm das Überleben."
Kurze Zeit darauf wurde auf Veranlassung des Senats von Berlin das Grab von Otto Weidt auf dem Onkel-Tom-Friedhof, Berlin-Zehlendorf, in ein Ehrengrab umgewandelt.

---

24 Am 7.11.1971 der Witwe mitgeteilt.

Berichte

Ich habe Gertrud Dereszewski nie kennengelernt, obwohl wir doch eng miteinander verbunden waren. Sie war eines der Mädchen, die Frau Porschütz „nahestand“ (siehe S. 101). Ich wußte nur, daß sie zwei Jahre älter war als ich und ihren Lebensunterhalt als Prostituierte verdiente. Prostitution war unter dem nationalsozialistischen Regime strafbar.* Aber Gertrud Dereszewski kümmerte das nicht. Auch als die Verordnung erlassen wurde, daß Frauen bis zum Alter von 55 Jahren in Munitionsfabriken zu arbeiten haben, gleichsam in Vertretung der an der Front kämpfenden Männer, gab sie ihren Beruf nicht auf. Sie bot ihr Arbeitsbuch, in dem in der Nazizeit die Arbeitsstellen des Inhabers verzeichnet wuden, für 50,– RM zum Verkauf an. Über Otto Weidt gelangte dieses Arbeitsbuch an mich. Ich war nun Gertrud Dereszewski und wurde offiziell dem Arbeitsamt als Arbeiterin in der Blindenwerkstatt Otto Weidt und auch bei der Krankenkasse gemeldet. Die wahre Gertrud Dereszewski erhielt einen Ausweis, der sie als Arbeiterin in der Blindenwerkstatt auswies. Auch mir wurde ein derartiger Ausweis ausgestellt, der sich von dem ihren nur durch das Paßbild unterschied. Gertrud Dereszewski konnte keinen Zweifel darüber haben, daß ihr Arbeitsbuch einer versteckten Jüdin diente. Dennoch muß sie ihr Gewerbe zu leichtsinnig betrieben haben. Denn eines Tages meldete sich die Polizei bei Otto Weidt, erklärte ihm, daß die Dereszewski bei einer ihrer „Tourneen“ in Ungarn aufgegriffen worden sei. Sie fragte an, ob Weidt an dieser Arbeiterin noch gelegen sei. Weidt entließ Gertrud Dereszewski offiziell fristlos. Damit endete auch meine Legalität bei der Blindenwerkstatt Otto Weidt.

* Siehe „Zwangsprostitution“, Christa Paul, Berlin 1994

Bericht von Ellen Arndt, Rochester (USA)

„Kannst du helfen? Die Nazis sind hinter ihr her. Sie ist Jüdin!" Mit etwa diesen Worten bat eine alte Patientin des Dr. Arthur Arndt eine Freundin, die Frau des Arztes bei sich zu verstecken. Dr. Arndt hatte bis zu seinem Untertauchen eine Praxis in der Nähe des Hackeschen Marktes. Ab September 1938 war er allerdings nur noch für jüdische Patienten zugelassen. Die Patientin hatte allen Grund, Dr. Arndt dankbar zu sein. Er hatte in ihrer Wohnung in aller Heimlichkeit ihre 13jährige Nichte entbunden. Und Frau Arndt hatte damals mit Geld und Wäsche für die junge Mutter ausgeholfen. Die Patientin konnte Frau Arndt nicht aufnehmen. Sie versteckte bereits eine Jüdin in ihrer Kochstube in der Prinzenstraße 193. „Klar, sie kann kommen", sagte die ihr gegenüber in einer Parterrewohnung lebende Freundin. „Für 'ne Weile, bis es jemand merkt", fügte sie hinzu. In der gleichen Wohnung wohnten noch zwei Frauen mittleren Alters. Sie arbeiteten als Prostituierte. Auch sie empfingen Mutter Arndt, als gäbe es nichts Selbstverständlicheres. Aus ihren Einnahmen wurde der Haushalt finanziert, der nun mit Frau Arndt aus vier Personen bestand. Mutter Arndt blieb dort einige Monate, bis ein neues Versteck für sie gefunden werden konnte.

Sie war jung, blond, zierlich, bescheiden, artig in ihrem Benehmen, so als hätte sie gerade eine Klosterschule absolviert. „Die Mutter soll kommen", sagte sie ohne Umschweife, als sie hörte, daß Ellens Mutter dringend ein neues Versteck benötigte. Ellen hatte sich in ihrer Verzweiflung um Rat an ihre Arbeitgeber gewandt. Diese, Inhaber eines Ateliers für Damenkonfektion, waren ebenfalls dankbare Patienten des Dr. Arndt. Sie hatten Ellen als Putzfrau eingestellt. Und sie zögerten nicht lange, als sie von der Notlage der Mutter hörten, und sprachen offen mit einer ihrer Kundinnen, einer Puffmutter, die ihnen gegenüber wohnte. Sie wußte Rat. „Geh am Abend in die Bar unter der Hochbahnstation Prinzenstraße", empfahl sie Ellen. „Frag dort nach einer Blonden. Ich weiß, daß sie helfen wird." Die Blonde bewohnte ein Zimmer in der Kurfürstenstraße. Sie nahm Mutter Lewinsky dort auf. In diesem Zimmer standen ein Bett und ein nicht sehr bequemes Sofa. Zuerst schlief Mutter Lewinsky auf diesem Sofa. Dann aber kamen der jungen Frau Skrupel. Dieses Sofa müßte für eine ältere Dame sehr unbequem sein. Sie sann über einen Ausweg nach und beschloß schließlich, ihre Arbeitszeiten zu ändern. Ihre Kunden durften sie nun nur noch am Tage aufsuchen, wenn Mutter Lewinsky aus dem Hause war. Für die Nacht stellte sie der Mutter ihr Bett zur Verfügung, das am Tage „anderen" Zwecken diente. Das junge Mädchen siedelte auf das Sofa über. Einmal wollte ein Kunde ein ganzes Wochenende bei der jungen Frau verbringen. „Kein Problem", meinte die junge Frau und brachte die Mutter bei einer Kollegin unter, die sie, ebenfalls ohne viel zu fragen, wie eine Verwandte aufnahm, die zu Besuch gekommen war. Nach einiger Zeit – es dürfte etwa nach sechs oder sieben Wochen gewesen sein – stellten die Nachbarn der Blonden neugierige Fragen, wer die alte Dame wohl sei. Mutter Lewinsky mußte ihr Nachtquartier schleunigst verlassen.

Bericht von Anneliese Herz, New York

„Was kostet die Butter heute?" Prostituierte und ihre Zuhälter kamen fast täglich zu Frau Porschütz, um sich nach den sich täglich ändernden Schwarzmarktpreisen zu erkundigen. Sie kannten einander offensichtlich gut und duzten sich mit Frau Porschütz. Dann gingen sie wieder, „um anzuschaffen", wie sie sagten. Und nach etwa 1½ Stunden kamen sie mit dem Einkaufsnetz zurück. „Bei Frau Porschütz konnte man alles kaufen, von Lebensmitteln bis zum Radio und alten Betten", erinnert sich Anneliese Herz, geborene Bernstein. Otto Weidt hatte sie und ihre blinde Zwillingsschwester Marianne, die für die Blindenwerkstatt Weidt Heimarbeit machte, mit Frau Porschütz bekannt gemacht mit der Bitte, die beiden zu verstecken. Auch er duzte sich mit Frau Por-

schütz, zu der er ebenfalls gute Geschäftsbeziehungen unterhielt. Frau Porschütz, damals schon über 40 Jahre alt, arbeitete nicht mehr als Prostituierte. Möglicherweise bediente sie noch einige Stammkunden, die an sie gewöhnt waren, meint Anneliese. Denn Peitschen und ähnliche Marterinstrumente lagen in der Wohnung herum.
Frau Porschütz brachte die beiden Mädchen im letzten Zimmer, das immer verschlossen bleiben mußte, in der wie ein Schlauch angelegten Wohnung unter. Die Wohnung im vierten Stock des Vorderhauses lag am Alexanderplatz, dem Polizeipräsidium Berlins genau gegenüber. Frau Porschütz war verheiratet, ihr Mann, Offizier der deutschen Wehrmacht, war an der Front. Es war von Anfang an klar, daß die Mädchen nicht anwesend sein durften, wenn der Ehemann auf Urlaub kam. Frau Porschütz stellte Anneliese ihren Bekannten als ihre Nichte vor, Marianne als deren Freundin. Die Regel war, daß Marianne „nach Hause" gehen mußte, wenn abends Besuch kam. Dann wanderte die blinde Marianne in der Gegend umher und wartete darauf, daß der Besuch gegangen war und Anneliese sie suchen kam. Während der Bombenangriffe blieben die Mädchen eingeschlossen in ihrem Zimmer, denn auf der Liste des Luftschutzwartes waren nur Hausbewohner eingetragen, die den Schutzraum aufsuchen durften.
Die Nutten, die die beiden natürlich bei ihren häufigen Besuchen kennenlernten, waren sehr nett zu ihnen. Sie wußten, daß sie „anständige" Mädchen waren, und warnten sie vor ihrem Beruf. Eine Nutte namens Hella sagte, offensichtlich im betrunkenen Zustand, einmal zu ihnen: „Macht, was ihr wollt. Nur nicht das, was wir machen. Ihr würdet eurer Tante großen Kummer bereiten." Und sie zeigte den beiden die Narben, die ihr ein Freier mit einer Bierkanne beigebracht hatte. „Mir juckt die Titte, ick glob', en Sektfreier is im Dorf", sagte einmal eine Nutte, wohl in der Hoffnung, daß ihr einer begegnete, der für die hohen Schwarzmarktpreise aufkam.
Einmal erfuhr Frau Porschütz von zwei Frauen, die ihr Versteck verloren hatten und nun in der Stadt herumirrten. Sie

nahm die beiden – eine Tante mit ihrer Nichte – sofort auf. Bis sie ein neues Versteck gefunden hätten, könnten sie bleiben, versprach sie ihnen. Die Tante wurde vor Fremden als Mutter der Anneliese ausgegeben, das junge Mädchen als Annelieses Freundin. Die beiden schliefen mit den Bernstein-Mädchen in einem Bett.

Es blieb nicht aus, daß einer der „Kunden" der Frau Porschütz sich in Anneliese „verguckte". Frau Porschütz stellte sich sofort schützend vor Anneliese und protestierte: „Das kannst du nicht machen, das ist doch meine Nichte!" rief sie sehr energisch aus. „Und dort steht ihre Mutter." Sie wies auf die Tante. Mit viel Mühe gelang es, den Mann aus dem Haus zu bugsieren. Um ganz sicher zu sein, daß er nicht wiederkäme, begleitete sie ihn bis vor die Haustür.

Das Haus am Alex, in dem Frau Porschütz gewohnt und die Bernstein-Mädchen mehrere Wochen versteckt hatte, war in den letzten Kriegsmonaten von Bomben zerstört worden. Sie selber war unauffindbar.

„Und Gad ging zu David"

Aus den Erinnerungen des Gad Beck, Berlin 1995

Sie nannte sich Fräulein Schmidt, stammte aber aus einer adligen Famlie. Ihr „Arbeitsfeld" war rund um den Alex, und sie hatte, wie sie sagte, „normalerweise mit etwas feineren Herrschaften zu tun". Sie war rundlich, der mütterliche Typ, Mitte 40 und etwas verlebt, das Gesicht aufgedunsen, die Haare blond gefärbt und heftig onduliert... sie rauchte nicht, wirkte auch nicht ordinär, war wenig geschminkt... Sie wurde zu einer „hochmotivierten Mitstreiterin" bei der Hilfe für versteckte Juden.

Fräulein Schmidt erzählt:

„Ungefähr vor vier Wochen sind wir zum Kommando für Truppenbetreuung bei der Wehrmacht bestellt worden. Die anderen Mädchen und ich. Ein Arzt hat uns untersucht, und dann wurde der größte Teil der Kolleginnen an die Front geschickt, na ja, zur Truppenbetreuung. Ich war nicht dabei, und ich fragte den Diensthabenden: ,Was ist mit mir, Sie haben mir noch gar nichts gesagt?' ,Ach so', meint er, ,Sie sind gesund. Sie können nach Hause gehen.' ,Wie', sag ich, ,nicht mit den andern an die Front?' ,Nee, Sie nicht', stellt er fest. ,Wissen Sie, Sie sind zu alt.' Da ist mir der Kragen geplatzt. ,Na Männeken', sag ich zu dem, ,vorgestern war ich für Ihren Oberst noch gut genug. Da soll ich für Ihre einfachen Soldaten zu alt sein?' Er ließ sich nicht beeindrucken. Bloß weil ich über vierzig bin? Und wie ich draußen stehe, sage ich mir: ,Mit mir nicht mehr. Für die bin ich nicht mehr da.'"

Die Demütigung saß tief; und sie wurde zur Motivation für Fräulein Schmidt, den Nazi-Staat auf ihre Weise zu bekämpfen. Zunächst einmal nahm sie zwei untergetauchte junge Männer in ihrer Behausung auf. Dann rettete sie 36 Menschen das Leben. Jemand hatte der Gruppe eine größere Menge Pferdefleisch geschenkt. Sie sollte an die 36 Illegalen verteilt werden. Einer von ihnen hatte die Liste mit den Namen und deren Adressen. Am Abend zuvor gab es einen schweren Fliegerangriff. Vor Aufregung darüber vergaß der junge Mann, daß er sich in einer Wohnung befand, die angeblich leer stand. Er betätigte die Wasserspülung. Der Luftschutzwart, der aufmerksam geworden war, benachrichtigte die Polizei. Er hat auch noch festgestellt, daß die Wohnung verschlossen war, obwohl sie der Gefahr wegen offen zu stehen hatte. Die Polizei kam auch. Sie faßte den einen der zwei jungen Männer. Und es war gerade der, der die Liste mit den 36 Namen bei sich hatte. Somit waren 36 Illegale in Gefahr. Als Fräulein Schmidt das hörte, schwang sie sich noch in der gleichen Nacht auf ihr Fahrrad, fuhr von einem zum anderen und schaffte es, sie alle zu warnen. Die Gestapo, die sofort die Fahndung aufnahm, fand niemand mehr vor.

Nach dem Krieg stellte sich heraus, daß Fräulein Schmidt noch eine Privatwohnung in der Georgenkirchstraße gehabt hatte, von der sie den Illegalen gegenüber nie etwas hatte verlauten lassen. Aber bald war der Grund dafür klar. Dort hatte sie Ernst Nehlhans versteckt. Ursprünglich hatte ihn der Besitzer einer Kartonagenfabrik, im gleichen Haus, Alfred Lindau, aufgenommen, der ihm einen Pappverschlag in seinem Lagerkeller bauen ließ. Er muß Fräulein Schmidt davon erzählt haben. Sie übernahm schließlich die Versorgung des Versteckten. Wie sich später herausstellte, entwikkelte sich zwischen den beiden eine Liebesbeziehung. Fräulein Schmidt blieb die Gefährtin von Nehlhans – auch als er nach dem Krieg zum ersten Vorsitzenden der Jüdischen Gemeinde gewählt worden war.*

* Erich Nehlhans ist 1947 von den Russen verhaftet worden. Er hatte jüdische russische Soldaten mit Zivilkleidern versehen und ihnen so die Gelegenheit gegeben, sich von ihrer Truppe zu entfernen. Er wurde zunächst in die Sowjetunion gebracht. Nach verschiedenen Interventionen brachte man ihn nach Deutschland zurück. Er ist in einem Gefängnis in der Nähe von Breslau gestorben.

Zeittafel zur Judenpolitik des NS-Regimes

1933

1. April
Boykott aller jüdischen Geschäfte durch die SA
Aktionen gegen jüdische Ärzte, Juristen und Studenten.

7. April
Gesetz „zur Wiederherstellung des Berufsbeamtentums"
Ausschaltung aller „nichtarischen" Beamten.

13. April
Zusammenschluß der jüdischen Organisationen zum „Zentralausschuß für Hilfe und Aufbau".

21. April
Gesetz über das Schlachten von Tieren: Schlachten nach jüdischem Ritus wird verboten.

22. April
Ausschluß der „nichtarischen" Lehrer aus den Lehrervereinen.

22. April
Die Zulassung von Kassenärzten „nichtarischer" Abstammung erlischt.

22. April
Einführung des „Arierparagraphen" im Deutschen Apothekerverein.

25. April
Numerus clausus für jüdische Studenten und Schüler.

25. April
Die deutschen Sport- und Turnvereine übernehmen den „Arierparagraphen".

6. Mai
„Nichtarische" Steuerberater werden nicht mehr zugelassen.

7. Mai
Kündigung aller jüdischen Arbeiter und Angestellten der Wehrmacht.

2. Juni
Verordnung über die Tätigkeit von Zahnärzten und Zahntechnikern bei den Krankenkassen.

14. Juli
Gesetz über Widerruf von Einbürgerungen und die Aberkennung der deutschen Staatsangehörigkeit.

20. Juli
Gesetz zur Ergänzung des Gesetzes zur Wiederherstellung des Berufsbeamtentums legt Entlassung auch „nichtarischer" Frontkämpfer fest.

23. Juli
Einführung des „Arierparagraphen" im Reichsverband Deutscher Schriftsteller.

26. Juli
Runderlaß des Reichsfinanzministers: Die Auswanderung von Juden ist erwünscht und darf nicht unterbunden werden, jedoch wird eine Reichsfluchtsteuer erhoben.

17. August
Runderlaß des Reichsarbeitsministers: „Arische" Abstammung des Ehegatten der Beamten erforderlich.

22. August
Badeverbote in zahlreichen Orten (an Badestränden, in öffentlichen Bädern usw.) für Juden.

13. September
Vererbungslehre und Rassenkunde wird pflichtmäßiges Prüfungsgebiet für alle Schüler.

22. September
Reichskulturkammergesetz. Juden sind ausgeschlossen.

29. September
Reichserbhofgesetz.

30. September
Der Kyffhäuser-Bund (Reichskriegerbund) schließt „Nichtarier" aus.

20. Oktober
Der Nationalsozialistische Deutsche Studentenbund verbietet allen seinen Mitgliedern, jüdische Repetitoren zu besuchen.

31. Oktober
Rechtsanwälte und Juristen müssen dem Bund Nationalsozialistischer Deutscher Juristen angehören, der nur „arische" Mitglieder anerkennt.

7. November
Änderung der Personalordnung der Deutschen Reichsbahn-Gesellschaft
Beamte „arischer" Abstammung, die mit einer Frau „nichtarischer" Abstammung die Ehe eingehen, sind zu entlassen.

13. November
„Nichtarier" können weder als Schöffen noch als Geschworene tätig sein.

27. November
Die Aufführung von jüdischen Fest- und Feiertagen in Behördenkalendern wird verboten.

1934

28. Februar
Einführung des „Arierparagraphen" in der Wehrmacht (Ausnahmen für „Nichtarier" erlöschen mit dem Ausscheiden aus dem Dienst.)

5. März
Die Reichsschrifttumskammer verbietet den Vertrieb nationalsozialistischer Literatur durch Juden und Auslieferung an jüdische Firmen und Warenhäuser.

5. März
Das Auftreten von „Nichtariern" als Schauspieler wird auf deutschen Bühnen verboten.

17. Mai
„Nichtarische" Ärzte oder Ärzte mit „nichtarischen" Ehepartnern verlieren die Zulassung zu den Krankenkassen.

18. Mai
Gesetz über die Reichsfluchtsteuer. Die Freigrenze ist von 200 000 RM auf 50 000 RM herabgesetzt.

23. Juni
Runderlaß der Reichsstelle für Devisenbewirtschaftung
Die Zuteilung von ausländischer Währung an Auswanderer wird von 10 000 RM auf 2000 RM herabgesetzt.

26. Juni
Beamte, die „nichtarischer" Abstammung oder deren Ehepartner „nichtarisch" sind, sind von der Beförderung ausgeschlossen.

28. Juli
Im Rahmen des „Haavara"-Abkommens ist es Juden erlaubt, durch Ankauf deutscher Waren Vermögen nach Palästina zu transferieren.

31. August
Prüfungsordnung für Tierärzte: Die Bewerber haben nachzuweisen, daß sie Arbeitsdienst geleistet haben (zu dem Juden nicht zugelassen wurden).

8. Dezember
Prüfungsordnung für Apotheker: „Nichtarier" sind von der Prüfung ausgeschlossen.

13. Dezember
Reichshabilitationsordnung: Die Habilitation ist von der „arischen" Abstammung abhängig.

1935

16. Januar
Allgemeine Verfügung für die Zulassung zur Rechtsanwaltschaft und sonstige Angelegenheiten der Rechtsanwälte: Anträge auf Zulassung haben Angaben über die „arische" Abstammung des Antragstellers zu enthalten.

5. Februar
Änderung der Prüfungsordnung für Ärzte und Zahnärzte: Nachweis der „arischen" Abstammung ist erforderlich.

10. Februar
Jüdische Versammlungen, in denen für das Verbleiben in Deutschland Propaganda gemacht wird, sind verboten.

März
Allen jüdischen Schriftstellern wird vom Präsidenten der Reichsschrifttumskammer mitgeteilt, daß ihnen jede schriftstellerische und literarische Tätigkeit in Deutschland untersagt ist.

12. März
Das Handwerkszeichen wird an „nichtarische" Handwerker nicht mehr ausgegeben.

11. April
Parteimitgliedern wird der persönliche Verkehr mit Juden verboten.

24. April
Anordnung der Reichspressekammer zur Wahrung der Unabhängigkeit des Zeitungsverlagswesens: Zeitungsverleger werden aufgefordert, ihre „arische" Abstammung bis zum Jahr 1800 zu beweisen.

21. Mai
Wehrgesetz. Voraussetzung für den aktiven Wehrdienst ist die „arische" Abstammung.

11. Juni
Verfügung des preußischen Innenministers: Im Hinblick auf die Olympiade 1936 sind Tafeln „Juden unerwünscht" u. ä. von Hauptverkehrsstraßen unauffällig zu entfernen.

18. Juni
Voraussetzung für die Diplomprüfung für Landwirte ist der Nachweis „arischer" Abstammung.

6. September
Der Verkauf von jüdischen Zeitungen auf den Straßen ist verboten.

10. September
Ankündigung der Rassentrennung in den Volksschulen ab 1936.

11. September
In Zukunft sind für Juden nur Inland-Pässe auszustellen.

15. September
„Nürnberger Gesetze"
Reichsbürgergesetz: Reichsbürger sind nur Staatsangehörige deutschen oder artverwandten Blutes
Gesetz zum Schutze des deutschen Blutes und der deutschen Ehre:
§ 1: Eheschließungen zwischen Juden und Staatsangehörigen deutschen oder artverwandten Blutes sind verboten. Geschlossene Ehen sind nichtig.
§ 2: Außerehelicher Verkehr zwischen Juden und Staatsangehörigen deutschen oder artverwandten Blutes ist verboten. („Rassenschande")
§ 3: Juden dürfen weibliche Staatsangehörige deutschen oder artverwandten Blutes unter 45 Jahren in ihrem Haushalt nicht beschäftigen.
§ 4: Juden ist das Hissen der Reichs- und Nationalflagge und das Zeigen der Reichsfarben verboten.

18. September
Gestapo verfügt Inschutzhaftnahme wegen „Rassenschande".

30. September
Beurlaubung aller jüdischer Richter, Staatsanwälte und Beamten.

17. Oktober
Jüdische Kinobesitzer müssen ihre Kinos bis zum 10. 12. 1935 an „Arier" verkaufen.

30. Oktober
Juden wird das Führen von Künstlernamen verboten.

14. November
I. Verordnung zum Reichsbürgergesetz: Aberkennung des Wahlrechts und der Fähigkeit zur Bekleidung öffentlicher Ämter; Entlassung aller jüdischen Beamten einschließlich der Frontkämpfer.

14. November
I. Verordnung zum Gesetz zum Schutze des deutschen Blutes und der deutschen Ehre
Verbot von Eheschließungen zwischen Juden und „Mischlingen" 2. Grades.

18. November
Auflösung des Verbandes Nationaldeutscher Juden.

Dezember
Juden werden aus dem Reichsbund der Deutschen Kapital- und Kleinrentner e.V. ausgeschlossen.

1936

14. Februar
Entziehung der Lehrbefugnis von jüdischen Honorarprofessoren, außerordentlichen Professoren und Dozenten an wissenschaftlichen Hochschulen.

31. März
Bekanntmachung des Präsidenten der Reichsschrifttumskammer:
Die Mitglieder des Bundes Reichsdeutscher Buchhändler sind verpflichtet, für die Berechtigten und deren Ehegatten den Nachweis der „arischen" Abstammung bis zum Jahre 1800 zu erbringen.

19. Juni
Die Apothekerkonzession darf an Juden nicht mehr verliehen werden.

4. September
Die Aufhebung des jüdischen Religionsunterrichts an den höheren Schulen wird auf Mittelschulen ausgedehnt.

4. Oktober
Runderlaß des Reichsinnenministeriums zur Taufe von Juden: Der Übertritt zum Christentum verändert den Status nicht.

9. Oktober
Verbot der politischen Betätigung des Reichsbunds jüdischer Frontkämpfer.

21. Oktober
Der „Centralverein deutscher Staatsbürger jüdischen Glaubens" muß seinen Namen in „Jüdischer Centralverein" ändern.

21. Dezember
Verbot jüdischer Versammlungen und Veranstaltungen.

1937

26. Januar
Deutsches Beamtengesetz: Beamter kann nur werden, wer deutschen oder artverwandten Blutes ist und mit einer Person gleicher Abstammung (außer Mischling zweiten Grades) verheiratet ist.

13. Februar
Reichsnotarverordnung
Juden dürfen nicht zum Notar bestellt werden.

13. März
Einrichtung jüdischer Sonderklassen in Berufsschulen.

18. März
Gestapo-Anweisung zur strengen Überwachung assimilatorisch eingestellter Juden.

10. April
Die Loge „B'nai B'rith" und andere jüdische Organisationen werden aufgelöst und ihr Vermögen beschlagnahmt.

15. April
Juden werden zur Doktorprüfung nicht mehr zugelassen.

8. September
3. Verordnung über die Zulassung von Ärzten zur Tätigkeit bei den Krankenkassen: Nicht zuzulassen sind Ärzte, die selbst oder deren Ehegatten nicht deutschen oder artverwandten Blutes sind.

13. September
Juden können aus der Schutzhaft entlassen werden, wenn eine Auswanderung nach Palästina oder nach Übersee gewährleistet ist.

4. Oktober
Jüdisch „versippte" Richter sind in Zukunft nur in Grundbuch-, Verwaltungssachen zu beschäftigen.

8. Oktober
Bestallungsordnung für Apotheker: Die Bestallung ist zu versagen, wenn der Bewerber Jude ist.

21. Oktober
Erlaß des Reichsführers SS und Chef der Deutschen Polizei zur Rückkehr von Emigranten in das Reichsgebiet: Emigranten werden bei ihrer Rückkehr verhaftet und in „Schulungslager" eingewiesen. Als Emigrant gilt, wer das Reich nach dem 30.1.1933 aus politischen Gründen verlassen hat.

4. November
Im Verkehr mit den Justizbehörden wird Juden der „Deutsche Gruß" nicht mehr gestattet.

16. November
Erlaß des Reichsinnenministeriums: Auslandspässe dürfen Juden nur in Ausnahmefällen ausgestellt werden, nämlich
1. für die Auswanderung
2. für Reisen im volkswirtschaftlichen Interesse Deutschlands
3. bei schwerer Erkrankung oder bei Todesfällen von Angehörigen
4. bei eigener Erkrankung
5. zum Besuch von Kindern in ausländischen Erziehungsanstalten.

17. Dezember
Der Unterricht der hebräischen Sprache an höheren Schulen wird verboten, Prüfungen in diesem Fach finden nicht mehr statt.

1938

1. Januar
Juden können nicht Mitglieder des Deutschen Roten Kreuzes sein.

1. Januar
Ausschluß der jüdischen Ärzte aus den Ersatzkassen.

5. Januar
Gesetz über die Änderung von Familien- und Vornamen
Änderungen jüdischer Familiennamen von Juden oder jüdischen „Mischlingen“ sind nicht statthaft, da sie zur Verschleierung der Abstammung beitragen.

16. Februar
„Arierparagraph“ in der Bestallungsordnung für Tierärzte.

18. März
Juden wird die Herstellung, Bearbeitung oder Instandsetzung von Schußwaffen oder Munition, gewerbsmäßiger Erwerb, Feilhalten oder Überlassen sowie Vermittelung solcher Geschäfte untersagt.

28. März
Die jüdischen Gemeinden verlieren den Status einer „Körperschaft des öffentlichen Rechts“. Ab 1.4.1938 gelten sie als Vereine und müssen die Eintragung ins Vereinsregister beantragen.

26. April
Verordnung über die Anmeldung des Vermögens von Juden über 5000 Reichsmark.

31. Mai
Juden werden von der Vergabe öffentlicher Aufträge ausgeschlossen.

9. Juni
Juden wird verboten, als Gasthörer an deutschen Universitäten Vorlesungen zu besuchen.

14. Juni
3. Verordnung zum Reichsbürgergesetz: Registrierung und Kennzeichnung jüdischer Gewerbebetriebe.

15. Juni
„Juni-Aktion". Verhaftung aller „vorbestraften" Juden und Einweisung in Konzentrationslager.

20. Juni
Ausschaltung der Juden aus dem Börsenhandel.

6. Juli
Änderung der Gewerbeordnung für das Deutsche Reich
Juden wird die Ausübung des Bewachungsgewerbes, die gewerbsmäßige Auskunftserteilung über Vermögen und persönliche Angelegenheiten, das Handeln mit Grundstücken, die Vermittlung von Immobilienverträgen und Darlehen der Hausverwaltung, die gewerbsmäßige Heiratsvermittlung, das Fremdenführergewerbe sowie der Hausierhandel und die Ausübung eines Gewerbes außerhalb des Ortes der Niederlassung verboten.

23. Juli
Einführung der Kennkarte für Juden ab 1.1.1939.

25. Juli
4. Verordnung zum Reichsbürgergesetz: Streichung der Approbation der jüdischen Ärzte ab 30.9.1938.

27. Juli
Runderlaß des Reichsinnenministeriums über jüdische Straßennamen: Sämtliche nach Juden und jüdischen „Mischlingen 1. Grades" benannten Straßen sind umzubenennen.

17. August
Ab 1.1.1939 müssen Juden ihren Vornamen den Zwangsnamen „Sara" bzw. „Israel" hinzufügen.

27. September
5. Verordnung zum Reichsbürgergesetz: Streichung der Zulassung aller jüdischen Rechtsanwälte ab 30.11.1938.

28. September
Juden dürfen Krankenpflege nur an Juden oder in jüdischen Anstalten ausüben.

3. Oktober
Vorträge für jüdische Veranstaltungen müssen zuvor vom Propagandaministerium genehmigt werden.

5. Oktober
Einziehung der Reisepässe von Juden und erschwerte Neuausgabe mit Kennzeichen „J".

28. Oktober
Ausweisung in Deutschland lebender Juden polnischer Nationalität.

9./10. November
„Reichskristallnacht": Von der NSDAP organisierter Pogrom.

12. November
Verordnung über eine Sühneleistung der deutschen Juden in Höhe von 1 Milliarde RM.

12. November
1. Verordnung zur Ausschaltung der Juden aus dem deutschen Wirtschaftsleben: Schließung aller jüdischen Geschäfte und Handwerksbetriebe.

12. November
Verordnung zur Wiederherstellung des Straßenbildes bei jüdischen Gewerbebetrieben: Juden haben alle Schäden des Pogroms selbst zu tragen.

12. November
Juden wird der Besuch von Theatern, Kinos, Konzerten, Ausstellungen usw. verboten.

15. November
Jüdischen Kindern ist der Besuch deutscher Schulen nicht mehr gestattet.

28. November
Polizeiverordnung über das Auftreten der Juden in der Öffentlichkeit: Einschränkung der Bewegungsfreiheit.

28. November
Erfassung der jüdischen Wohnungen.

29. November
Juden ist das Halten von Brieftauben verboten.

Dezember
Anordnung des Reichsministers für Volksaufklärung und Propaganda: Jüdische Verlage und Buchhandlungen sind bis zum 31.12.1938 aufzulösen.

3. Dezember
Entziehung der Führerscheine und Zulassungspapiere für Juden.

3. Dezember
Verordnung über den Einsatz des jüdischen Vermögens Zwangsveräußerung jüdischer Gewerbebetriebe, von Grundeigentum, Wertpapieren, Juwelen, Schmuck und Kunstgegenständen.

5. Dezember
7. Verordnung zum Reichsbürgergesetz: Die Ruhegehälter ausgeschiedener jüdischer Beamter werden herabgesetzt.

9. Dezember
Erlaß des Reichswirtschaftsministers: Nichtzulassung von Juden zu handwerklichen, kaufmännischen usw. Prüfungen.

1939

Anfang 1939
Alle jüdischen politischen Organisationen werden aufgelöst.

17. Januar
8. Verordnung zum Reichsbürgergesetz: Erlöschen der Zulassung jüdischer Zahnärzte, Tierärzte und Apotheker.

24. Januar
Errichtung der Reichszentrale für die jüdische Auswanderung.

15. März
Erlaß des Reichsführers SS und Chef der Deutschen Polizei: Verhinderung illegaler Auswanderung von Juden.

30. April
Gesetz über Mietverhältnisse mit Juden: Gesetzliche Vorbereitung zur Zusammenlegung jüdischer Familien in „Judenhäusern".

4. Juli
10. Verordnung zum Reichsbürgergesetz: Errichtung der „Reichsvereinigung der Juden in Deutschland" unter Gestapo-Kontrolle.

1. September
Ausgangsbeschränkungen für Juden im Winter ab 20.00 Uhr, im Sommer ab 21.00 Uhr.

7. September
Inschutzhaftnahme aller männlichen polnischen Juden.

12. September
Zuweisung von besonderen Lebensmittelgeschäften für Juden.

20. September
Juden wird der Besitz von Rundfunkempfängern verboten.

12. Oktober
Erste Deportationen aus Österreich und dem „Protektorat" ins „Generalgouvernement".

1940

12./13. Februar
Deportation der Stettiner Juden ins „Generalgouvernement".

10. April
Für alle in den Konzentrationslagern inhaftierten jüdischen Schutzhäftlinge wird für die Dauer des Krieges eine allgemeine Entlassungssperre angeordnet.

13. April
Juden werden aus der privaten Krankenversicherung ausgeschlossen.

30. April
Erstes bewachtes Ghetto in Lodz („Generalgouvernement")
wird errichtet.

3. Juni
Erlaß zur arbeitsrechtlichen Behandlung der Juden: keinerlei Vergünstigungen wie Lohnzahlungen für Feiertage oder Weihnachtsgratifikationen.

4. Juli
Für den Einkauf von Lebensmitteln von und für Juden wird in Berlin die Stunde von 4.00 bis 5.00 nachmittags festgesetzt.

19. Juli
Ausschluß der Juden als Fernsprechteilnehmer.

7. Oktober
Bei Benutzung der Luftschutzräume durch Juden soll ihre Trennung von den übrigen Bewohnern vorgenommen werden.

16. Oktober
Errichtung des Warschauer Ghettos.

22. Oktober
Deportation von Juden aus Elsaß-Lothringen, dem Saarland, der Pfalz und Baden nach Südfrankreich („Bürckel-Aktion").

15. November
Alle Angehörigen der deutschen Polizei haben im Laufe des Winters den Film „Jud Süß" zu sehen.

9. Dezember
Verordnung über Kinderbeihilfen: Kinderbeihilfen werden nur für Kinder gewährt, die „deutschen" oder „artverwandten" Blutes sind.

12. Dezember
Sämtliche jüdische Geisteskranke sollen in der jüdischen Heil- und Pflegeanstalt Sayn-Bendorf konzentriert werden.

1941

26. April
Erlaß über jüdische Schulen: Die Reichsvereinigung wird angewiesen, ihre Schulen in großen Städten zu konzentrieren.

6. Mai
Verfahrensordnung der Reichskammer der bildenden Künste als Ankaufsstelle für Kulturgut, u. a. kann der jüdische Eigentümer zum Verkauf gezwungen werden.

20. Mai
Die Auswanderung von Juden in das unbesetzte Frankreich ist angesichts der bevorstehenden „Endlösung“ zu verhindern.

Juni/August
Pogrome in den besetzten russischen Gebieten.

26. Juni
Juden erhalten keine Zusatzscheine mehr für Seife und Rasierseife.

20. Juli
Juden erhalten keine Entschädigung für Kriegsschäden.

31. Juli
Heydrich wird beauftragt, alle erforderlichen Vorbereitungen in „sachlicher und materieller Art zu treffen für eine Gesamtlösung der Judenfrage im deutschen Einflußgebiet in Europa“.

August
Juden im wehrfähigen Alter (18 bis 45) wird die Auswanderung nicht mehr gestattet.

2. August
Juden dürfen allgemeine Leihbüchereien nicht mehr benutzen.

30. August
Sperre des Inlandsvermögens der nach den Niederlanden ausgewanderten Juden.

1. September
Polizeiverordnung über die Kennzeichnung der Juden: Einführung des Judensterns im Reich ab 15. 9. 1941 für alle Juden vom 6. Lebensjahr an.

3. September
Erste „Versuchsvergasungen" in Auschwitz.

18. September
Erlaß des Reichsverkehrsministeriums über die Benutzung der Verkehrsmittel durch Juden: Verlassen des Wohnorts nur mit polizeilicher Erlaubnis, Benutzung üblicher Verkehrsmittel nur mit erheblichen Einschränkungen.

24. September
Juden wird der Gebrauch von Schecks verboten; ihre Scheckhefte werden eingezogen.

24. September
Allgemeine Verfügung über die Nichtigkeit letztwilliger Verfügungen, durch die ein „deutschblütiger" Erblasser einen Juden bedenkt.

29./30. September
Massenmorde in Kiew durch „Einsatzgruppe C": Erschießung von 33 771 Juden in der Schlucht von Babijar.

Oktober/Dezember
Judenvernichtungen durch „Einsatzgruppen" in ganz Südrußland.

14. Oktober
Beginn der systematischen Deportation von Juden aus dem „Altreich".

23. Oktober
Emigrationsverbot für die Dauer des Krieges.

24. Oktober
Runderlaß des Reichssicherheitshauptamtes: Deutschblütige Personen, die freundschaftliche Beziehungen zu Juden zeigen, sind in Schutzhaft zu nehmen, der Jude in ein Konzentrationslager einzuliefern.

24. Oktober
Befehl zur Deportation von ca. 50 000 Juden aus dem „Altreich", Österreich und Böhmen-Mähren in den Osten.

31. Oktober
Arbeitsverhältnis von Juden: Der Jude ist als Artfremder nicht Mitglied einer deutschen Betriebsgemeinschaft. Juden haben die ihnen von den Arbeitsämtern zugewiesene Beschäftigung anzunehmen und werden gruppenweise, getrennt von der übrigen Gefolgschaft, eingesetzt. Jüdische Jugendliche können zu allen Tageszeiten beschäftigt werden. Jüdische Schwerbeschädigte müssen die ihnen zugewiesene Arbeit annehmen.

4. November
Abschiebung von Juden, die nicht in volkswirtschaftlich wichtigen Betrieben beschäftigt sind, in die besetzten Ostgebiete.

13. November
Erfasung von Schreibmaschinen, Fahrrädern, Photoapparaten und Ferngläsern bei Juden.

25. November
11. Verordnung zum Reichsbürgergesetz: Einziehung jüdischen Vermögens bei der Deportation.

12. Dezember
Verbot der Benutzung öffentlicher Fernsprechzellen durch Juden.

18. Dezember
Schwerkriegsbeschädigte Juden erhalten keinen Ausweis mehr, der sie als schwerkriegsbeschädigt kenntlich macht.

20. Dezember
Bescheid über das Ruhen von Renten der Juden gemäß der 11. Verordnung zum Reichsbürgergesetz.

Ende Dezember
Beginn der Massenvernichtung im Vernichtungslager Chelmno.

1942

5. Januar
Sammelaktion für die Ostfront: Juden haben bis zum 16.1. 1942 ihre Pelz- und Wollsachen sowie Skier, Ski- und Bergschuhe abzugeben.

15. Januar
Beginn der „Umsiedlungsaktion" von Lodz nach Chelmno.

20. Januar
Wannsee-Konferenz über die Ausrottung des europäischen Judentums (1. Konferenz von Vertretern der Reichsbehörden zur „Endlösung der Judenfrage").

14. Februar
Auflösung von jüdischen Auswanderer-Beratungsstellen.

15. Februar
Juden dürfen keine Haustiere mehr halten.

17. Februar
Juden werden vom Zeitungsbezug ausgeschlossen.

6. März
2. Konferenz über die „Endlösung" in Berlin: Erörterung der Möglichkeiten zur Sterilisation aller „Mischlinge".

13. März
Erlaß über die Kennzeichnung der Wohnungen von Juden.

17. März
Errichtung des Vernichtungslagers Belzec.

Mitte März
Beginn der „Aktion Reinhard" (Liquidierung der Ghettos in Polen und Deportation in die Vernichtungslager).

24. April
Verbot der Benutzung öffentlicher Verkehrsmittel durch Juden im Reich.

Anfang Mai
Errichtung des Vernichtungslagers Sobibor.

12. Mai
Juden dürfen von nichtjüdischen Friseuren nicht mehr bedient werden.

26. Mai
Verbot des Verkaufs deutscher Volkstrachten an Fremdvölkische und Juden.

Juni
Beginn der Massenvergasungen in Auschwitz.

2. Juni
Beginn der Deportation deutscher Juden in das Ghetto Theresienstadt.

9. Juni
Juden haben alle entbehrlichen Kleidungsstücke abzuliefern

11. Juni
Juden erhalten keine Raucherkarte mehr.

20. Juni
Die Reichsvereinigung wird angewiesen, mit Wirkung vom 30. 6. 1942 sämtliche jüdische Schulen zu schließen.

Juli
Errichtung des Vernichtungslagers Treblinka.

22. Juli
Die „Umsiedlung" der Warschauer Ghetto-Bewohner in die Vernichtungslager Belzec und Treblinka beginnt.

26. August
Deutschblütige Hausangestellte dürfen nicht mehr bei Juden beschäftigt werden und wohnen.

1. September
Anordnung des Reichsministers des Innern
Der Nachlaß verstorbener KZ-Häftlinge fällt an das Reich.

18. September
Die Versorgung von Juden mit Fleisch, Fleischprodukten, Eiern, Milch und anderen zugeteilten Lebensmitteln wird eingestellt.

24. September
Soldaten ist die Heiratserlaubnis mit Frauen, die früher mit einem Juden verheiratet waren, zu verweigern.

Oktober
Im Reichsgebiet befindliche Konzentrationslager werden „judenfrei" gemacht und die jüdischen Häftlinge nach Auschwitz gebracht.

27. Oktober
3. Konferenz über die „Endlösung" in Berlin: Plan zur Zwangstrennung aller „Mischehen" und Programm zur Sterilisierung der „Mischlinge".

1943

27. Februar
„Fabrik-Aktion" in Berlin: Deportation der jüdischen Zwangsarbeiter nach Auschwitz.

11. März
Juden sind nach Verbüßung einer Strafe – gleich welcher Höhe – auf Lebenszeit den Konzentrationslagern Auschwitz oder Lublin zuzuführen.

19. April – 16. Mai
Aufstand im Warschauer Ghetto.

29. April
Die Presse wird angewiesen, die Judenfrage fortlaufend und ohne Pause zu behandeln.

Anfang Juni
Mit Wirkung vom 10.6.1943 wird die Reichsvereinigung der Juden in Deutschland aufgelöst.

11. Juni
Himmler befiehlt die Liquidierung aller polnischen Ghettos. Am 21. Juni wird der Befehl auf die Sowjetunion ausgedehnt.

19. Juni
Goebbels erklärt Berlin für „judenfrei".

1. Juli
13. Verordnung zum Reichsbürgergesetz: Die Juden werden unter Polizeirecht gestellt. Nach dem Tode eines Juden fällt sein Vermögen an das Reich.

August/Dezember
Liquidierung der polnischen und russischen Ghettos.

1944

12. Januar
Juden erhalten keine Kontrollkarten für den Briefverkehr mit dem Ausland mehr.

8. Februar
Jüdische „Mischlinge" ersten Grades und mit Juden oder jüdischen „Mischlingen" ersten Grades Verheiratete werden von der Mitgliedschaft in der Deutschen Arbeitsfront ausgeschlossen.

April/Juni
Massendeportationen aus Südeuropa nach Auschwitz.

Herbst
Beginn der Rückführung von Häftlingen vor den heranrükkenden alliierten Armeen in das Reich.

2. November
Vergasungen in Auschwitz werden eingestellt.

26. November
Zerstörung der Gaskammern und Krematorien in Auschwitz-Birkenau.

1945

16. Februar
Runderlaß zur Behandlung von „Entjudungsakten“: Wenn der Abtransport von Akten, deren Gegenstand antijüdische Tätigkeiten sind, nicht möglich ist, sind sie zu vernichten, damit sie nicht dem Feind in die Hände fallen.

(Auszüge aus: Die Juden in Deutschland 1933–1945, hrsg. von Wolfgang Benz, München 1988)

Deportierte der Ost-Transporte aus Berlin

		Datum, Ziel	Deportierte gesamt
1.	Transport	18.10.41, Lodz	1 096
2.	Transport	24.10.41, Lodz	987
3.	Transport	27.10.41, Lodz	906
4.	Transport	01.11.41, Lodz	1 079
5.	Transport	14.11.41, Minsk	966
6.	Transport	17.11.41, Kowno	787
7.	Transport	27.11.41, Riga	1 049
8.	Transport	13.01.42, Riga	1 027
9.	Transport	19.01.42, Riga	995
10.	Transport	25.01.42, Riga	1 027
11.	Transport	28.03.42, Trawniki	975
12./13.	Transport	02.04.42, Trawniki	645
14.	Transport	14.04.42, Trawniki	83
15.	Transport	13.06.42, „Osten“	737
16.	Transport	26.06.42, „Osten“	201
17.	Transport	11.07.42, Auschwitz	192
18.	Transport	15.08.42, Riga	938
19.	Transport	05.09.42, Riga	804
20.	Transport	03.10.42, „Osten“	813
21.	Transport	19.10.42, Riga	962
22.	Transport	26.10.42, „Osten“	794
23.	Transport	29.11.42, Auschwitz	998
24.	Transport	09.12.42, Auschwitz	994
25.	Transport	14.12.42, Riga	815
26.	Transport	12.01.43, Auschwitz	1 196
27.	Transport	29.01.43, Auschwitz	1 004
28.	Transport	03.02.43, Auschwitz	952
29.	Transport	19.02.43, Auschwitz	997
30.	Transport	26.02.43, Auschwitz	1 095
31.	Transport	01.03.43, Auschwitz	1 722
32.	Transport	02.03.43, Auschwitz	1 756
33.	Transport	03.03.43, Auschwitz	1 726
34.	Transport	04.03.43, Auschwitz	1 120
35.	Transport	06.03.43, Auschwitz	664
36.	Transport	12.03.43, Auschwitz	941
37.	Transport	19.04.43, Auschwitz	681
38.	Transport	17.05.43, Auschwitz	406
39.	Transport	28.06.43, Auschwitz	314
40.	Transport	04.08.43, Auschwitz	100
41.	Transport	24.08.43, Auschwitz	46
42.	Transport	10.09.43, Auschwitz	49
43.	Transport	28.09.43, Auschwitz	73
44.	Transport	14.10.43, Auschwitz	78
45.	Transport	29.10.43, Auschwitz	50
46.	Transport	08.11.43, Auschwitz	50
47.	Transport	07.12.43, Auschwitz	54
48.	Transport	20.01.44, Auschwitz	48
49.	Transport	22.02.44, Auschwitz	32
50.	Transport	09.03.44, Auschwitz	32
51.	Transport	18.04.44, Auschwitz	31
52.	Transport	03.05.44, Auschwitz	26
53.	Transport	19.05.44, Auschwitz	24
54.	Transport	15.06.44, Auschwitz	29
55.	Transport	12.07.44, Auschwitz	30
56.	Transport	10.08.44, Auschwitz	39
57.	Transport	06.09.44, Auschwitz	39
58.	Transport	12.10.44, Auschwitz	31
59.	Transport	24.11.44	27
60.	Transport	08.12.44	15
61.	Transport	05.01.45	18
62.	Transport	05.01.45	1
Gesamt			**35 366**

Deportierte der Theresienstadt-Transporte aus Berlin

	Deportierte gesamt
1. Transport vom 06.06.42 (02.06.42)	103
2. Transport vom 06.06.42 (04.06.42)	93
3. Transport vom 06.06.42 (05.06.42)	51
4a. Transport vom 09.06.42	49
4b. Transport vom 11.06.42	50
5. Transport vom 12.06.42	50
6. Transport vom 12.06.42	50
7. Transport vom 18.06.42	49
8. Transport vom 19.06.42	49
9. Transport vom 23.06.42	50
10. Transport vom 25.06.42	50
11. Transport vom 26.06.42	50
12. Transport vom 30.06.42	53
13. Transport vom 02.07.42	47
14. Transport vom 03.07.42	50
15. Transport vom 06.07.42	100
16. Transport vom 07.07.42	100
17. Transport vom 08.07.42	98
18. Transport vom 09.07.42	99
19. Transport vom 10.07.42	101
20. Transport vom 13.07.42	100
21. Transport vom 14.07.42	99
22. Transport vom 15.07.42	101
23. Transport vom 16.07.42	99
24. Transport vom 17.07.42	100
25. Transport vom 20.07.42	98
26. Transport vom 21.07.42	100
27. Transport vom 22.07.42	101
28. Transport vom 23.07.42	100
29. Transport vom 24.07.42	99
30. Transport vom 27.07.42	100
31. Transport vom 28.07.42	100

	Deportierte gesamt
32. Transport vom 29.07.42	99
33. Transport vom 30.07.42	99
34. Transport vom 31.07.42	99
35. Transport vom 03.08.42	101
36. Transport vom 04.08.42	100
37. Transport vom 05.08.42	101
38. Transport vom 06.08.42	99
39. Transport vom 07.08.42	100
40. Transport vom 10.08.42	99
41. Transport vom 11.08.42	102
42. Transport vom 12.08.42	100
43. Transport vom 13.08.42	100
44. Transport vom 14.08.42	162
1. Großer Transport vom 17.08.42	1 001
45. Transport vom 19.08.42	100
46. Transport vom 20.08.42	100
47. Transport vom 21.08.42	101
48. Transport vom 24.08.42	101
49. Transport vom 25.08.42	100
50. Transport vom 26.08.42	104
51. Transport vom 27.08.42	108
52. Transport vom 28.08.42	87
53. Transport vom 31.08.42	100
54. Transport vom 01.09.42	99
55. Transport vom 02.09.42	100
56. Transport vom 03.09.42	100
57. Transport vom 04.09.42	103
58. Transport vom 07.09.42	102
59. Transport vom 08.09.42	99
60. Transport vom 09.09.42	100
61. Transport vom 10.09.42	99
62. Transport vom 11.09.42	102

	Deportierte gesamt
2. Großer Transport vom 14.09.42	1 040
63. Transport vom 21.09.42	97
64. Transport vom 22.09.42	101
65. Transport vom 23.09.42	100
66. Transport vom 24.09.42	100
67. Transport vom 25.09.42	100
3. Großer Transport vom 03.10.42	692
68. Transport vom 28.10.42	100
69. Transport vom 29.10.42	100
70. Transport vom 30.10.42	101
71. Transport vom 04.11.42	96
72. Transport vom 05.11.42	100
73. Transport vom 06.11.42	101
74. Transport vom 19.11.42	102
75. Transport vom 20.11.42	100
76. Transport vom 15.12.42	99
77. Transport vom 16.12.42	98
78. Transport vom 17.12.42	99
79. Transport vom 12.01.43	100
80. Transport vom 13.01.43	98
81. Transport vom 14.01.43	100
82. Transport vom 26.01.43	100
83. Transport vom 28.01.43	100
84. Transport vom 29.01.43	100
85. Transport vom 02.02.43	101
4. Großer Transport vom 17.03.43	1 164
86. Transport vom 19.04.43	97
87. Transport vom 17.05.43	89
88. Transport vom 18.05.43	100
89. Transport vom 19.05.43	99

	Deportierte gesamt
90. Transport vom 28.05.43	333
91. Transport vom 16.06.43	429
92. Transport vom 29.06.43	101
93. Transport vom 30.06.43	100
94. Transport vom 01.07.43	100
95. Transport vom 04.08.43	71
96. Transport vom 10.09.43	61
97. Transport vom 15.10.43	52
98. Transport vom 15.11.43	49
99. Transport vom 10.01.44	354
100. Transport vom 21.01.44	63
101. Transport vom 09.02.44	101
102. Transport vom 23.02.44	72
103. Transport vom 10.03.44	54
104. Transport vom 19.04.44	50
105. Transport vom 04.05.44	27
106. Transport vom 26.05.44	29
107. Transport vom 16.06.44	28
108. Transport vom 13.07.44	29
109. Transport vom 11.08.44	33
110. Transport vom 05.09.44	27
111. Transport vom 13.10.44	30
112. Transport vom 27.10.44	50
113. Transport vom 24.11.44	37
114. Transport vom 08.12.44	22
115. Transport vom 05.01.45	17
116. Transport vom 02.02.45	38
117. Transport vom 27.03.45	18
Gesamt	**14 663**

(Aus: Gedenkbuch Berlins der jüdischen Opfer des Nationalsozialismus, Berlin 1995)

Nachwort

Am 15. Januar 1943 trennten wir den gelben Stern von unseren Kleidern, ergriffen unsere letzten Habseligkeiten, die aus ein paar Kleidungsstücken und Lebensmitteln bestanden, und tauchten bei der Familie Gumz unter. Wochen zuvor hatte uns Emma Gumz von dem Soldaten Fritz, ihrem Nachbarsjungen, berichtet, der in Polen gesehen hatte, „was sie dort mit den Juden machen". Entsprechende Berichte im englischen Sender, die wir zunächst nicht ernstgenommen hatten, bestätigten seine Version. Daraufhin beschwor uns Frau Gumz, uns zu verstecken, um so den Deportationen und damit dem sicheren Tod zu entgehen. Ihre und die Hilfe ihres Mannes sicherte sie uns zu.
Vom 18. Oktober 1941 an fuhren Transporte jüdischer Menschen mit einer gewissen Regelmäßigkeit aus Berlin „nach Osten" ab, wie wir in Unkenntnis des wahren Ziels zu sagen pflegten. Da meine Mutter und ich in sogenannten wehrwichtigen Betrieben arbeiteten, glaubten wir, daß uns dieses Schicksal erspart bleiben würde. Wir waren tatsächlich der Meinung, daß die deutsche Wirtschaft die jüdischen Arbeiter, die die Plätze der Männer an der Front einnahmen, nicht einfach hergeben würde. Ihr Fleiß war sprichwörtlich, obwohl die meisten nicht an körperliche Arbeit gewöhnt waren. Aber die Ahnung, daß sie „entbehrlich" sein und damit auf die Listen der zu Deportierenden kommen könnten, trieb sie an. Beweise dafür gab es genügend. Große Firmen wie Siemens und AEG versuchten lange „ihre" jüdischen Arbeiter bei der Gestapo zu reklamieren. Und das wahrscheinlich nicht, weil sie Juden waren und sie diese vor ihrem Schicksal bewahren wollten. Aber für die Nazis war die Vernichtung der Juden, wie wir heute wissen, wichtiger als die Sorgen der deutschen Wirtschaft.
Der Entschluß, den Vorschlag von Frau Gumz aufzugreifen, fiel uns nicht leicht. Könnte man untertauchen, verschwinden, aus der Registratur der deutschen Bürokratie einfach aussteigen, wie Frau Gumz es vorgeschlagen hatte? Meine Mutter hielt es für nötig, die Idee dieser „einfachen Frau, die

sicherlich die Tragweite ihrer Absicht nicht übersah", wie sie sagte, mit anderen Freunden zu besprechen, die Hitlergegner geblieben waren. Zu unserer Überraschung fanden diese die Idee großartig, ohne Frage durchführbar und versprachen ihrerseits Hilfe. Dr. Ostrowski, ehemaliger Bürgermeister des Bezirks Prenzlauer Berg, war von dem nahen Ende der Nazis ohnehin fest überzeugt, obwohl es zu jener Zeit – im November 1942 – eigentlich noch keine Anhaltspunkte dafür gab. Unser Untertauchen wäre darum wahrscheinlich nur eine Sache von ein paar Monaten. Wir waren so verhungert nach Zuversicht und Hoffnung, daß wir seine Meinung kritiklos hinnahmen.
Weder die Familie Gumz noch Dr. Ostrowski und seine Grete, die unsere Entscheidung schließlich herbeiführten, hatten eine Ahnung, was mit unserem Untertauchen auf sie zukommen würde. Ängstliche Fragen meiner Mutter, wir könnten womöglich bei Nachbarn oder Bekannten Verdacht erregen oder durch die Enge der Wohnungen einander auf die Nerven gehen, taten sie mit einer Handbewegung ab. „Bei uns gehen so viele Menschen aus und ein, da fallen Sie gar nicht auf", war die Reaktion des Herrn Gumz, der mit seiner Frau in der Knesebeckstraße 17 eine Wäscherei und Heißmangel betrieb. Ostrowski versicherte uns, daß es außer ihm und seiner Grete noch mehr Menschen in Berlin gäbe, die uns aufzunehmen bereit wären, falls sich unser Aufenthalt in ihrer kleinen Behausung länger als angenommen ausdehnen würde. Es ist müßig, die Frage zu stellen, ob sie sich so positiv auf unser Verstecken eingestellt hätten, wenn ihnen klar gewesen wäre, daß wir zwei Jahre und vier Monate in dieser Lage sein würden.
Die gleiche Frage kann ich auch für uns nicht beantworten. Wir dachten nicht darüber nach, wie lange wir im Versteck würden ausharren müssen. Wir vertrauten voll und ganz auf unsere Freunde und ihren Enthusiasmus, uns aus den Klauen der Nazis retten zu wollen. Beunruhigende Gedanken schoben wir einfach beiseite; oft mit dem Hinweis, wir wären schließlich nicht so leicht als Juden erkennbar, da die von den Nazis ausgegebenen „Rassemerkmale" auf uns

nicht zutrafen. Die Gefahr war damit also relativ gering. Überdies war Berlin eine Großstadt mit vielen Millionen Einwohnern – ein idealer Platz also, um unterzutauchen.[1] Wir riskierten eigentlich gar nichts. Uns stand ein Platz in Auschwitz zu – so oder so.

Es wäre vermessen, die Familien Gumz oder Ostrowski, und nicht nur sie, die uns während jener Zeit so entscheidende Hilfe leisteten, als leichtsinnig zu bezeichnen. Es gab viele Gründe, Juden retten zu wollen. Die Gumzens taten es aus reiner Menschlichkeit. Der Gedanke, untätig dabeizustehen, wie Menschen ihren Mördern ausgeliefert wurden, ließ ihnen keine Ruhe. Sie handelten und dachten nicht darüber nach, was das für sie selbst für Folgen haben könnte. Sie litten mit den Juden, deren Entrechtung und Verfolgung niemand in Berlin hatte übersehen können. Der gelbe Stern war als aufgezwungenes Zeichen der Juden groß und grell genug. Die Lastwagen, auf die man sie schließlich auflud und auf Nimmerwiedersehen davonfuhr, zu geräuschvoll, als daß man davon keine Notiz nehmen konnte. Einfache Menschen nach der Art der Gumzens folgten ihren Gefühlen. Und sie taten es ohne Rücksicht auf ihre eigene Person.

Für Dr. Ostrowski und seinesgleichen galt bei dem Gedanken, Juden retten zu wollen, im wesentlichen das politische Motiv, wenn auch Gefühle der Menschlichkeit nicht ausgeschlossen werden dürfen. Für Nazigegner gab es wenig Möglichkeiten, ihre Opposition gegen das verbrecherische Regime auszudrücken. Widerstand gegen die Staatsgewalt konnte KZ und mehr zur Folge haben. Derartige Gruppen waren darum auch klein und meist sehr schnell zerschlagen. Diese Aktivitäten, so achtbar sie waren, konnten nicht das Ende des Naziregimes herbeiführen. Zwar war im Laufe des Krieges die Zahl der überzeugten Nazis wesentlich kleiner geworden als die der Zweifler. Es wagte jedoch niemand, dies zu bekennen. Zu gewalttätig war das Regime gegen

---

1 55 % aller Untergetauchten fanden in Berlin und Umgebung ihr Versteck, nur 7 % in Dörfern Deutschlands. (Mordechai Paldiel, „Yad Vashem", Jerusalem)

seine Feinde. Das Verstecken von Juden war auch eine Art politischer Widerstand, handelte man doch damit gegen die Politik der Regierung, und zugleich trotzte man den Verbrechern Menschenleben ab. Für manche politische Gegner der Nazis war es geradezu wie eine Erlösung, endlich einen Weg gefunden zu haben, um ihrer Opposition auf diese Weise Ausdruck geben zu können.

Unter ihnen waren auch einige Intellektuelle. Ihre Zahl war kleiner als die der einfachen Menschen. Zwar erwiesen sie sich ebenfalls als eifrig in ihren Absichten. Sie waren jedoch wesentlich unbeholfener in ihren Überlegungen, wie diese Hilfe aussehen sollte oder konnte. Und schließlich dachten sie viel darüber nach, was die Konsequenzen ihres Handelns für sie selbst sein könnten, bevor sie einwilligten.

Während unserer „Illegalität" wuchs die Zahl unserer Helfer. Es waren meist Freunde von Freunden, denen man unbedingt vertrauen konnte. Dazu gehörten übrigens auch Menschen, die von ihrem Gewissen geplagt wurden, weil sie glaubten, auf diese Weise etwas wiedergutmachen zu können. Sie hatten sich irgendwann oder irgendwie unter Zwang oder im Irrtum mit den Nazis eingelassen und fanden daraus keinen Ausweg.

Es war ohnehin sehr bald klar, daß mehr als ein oder zwei Helfer nötig waren, um zu überleben. Denn Probleme, die uns zum häufigen Wechseln von Unterkünften zwangen, tauchten sehr bald auf. Oft war es eine Nachbarin, die unsere Freunde in Angst und Schrecken versetzte. Sie war auf uns aufmerksam geworden: zwei fremde Frauen, die so gar nicht dem Wesen der Nachbarn entsprachen. Es war zu jener Zeit auch nicht gerade üblich, auf Reisen zu sein; und ganz sicher nicht nach Berlin, das in der Reichweite alliierter Bomber lag. So irritierte die Länge unseres Aufenthaltes, wenn er über ein oder zwei Tage hinausging. Unweigerlich kam die Frage nach unserer Identität, wobei natürlich nicht klar war, ob die Frage aus purer Neugier oder aus anderen Gründen gestellt wurde. Unsere Freunde hatten immer eine Erklärung bereit, wir seien Verwandte aus Pommern oder Ausgebombte aus dem Rheinland. Aber die Frage war wie ein Signal: „Ihr müßt hier weg!" hieß es dann. Möglicherweise sei der Ehemann der Nachbarin Mitglied in der NSDAP oder der Sohn bei der SS, und die Frau würde sie nun auf uns aufmerksam machen. Hastig packten wir unsere Habseligkeiten zusammen und eilten mit Angst im Herzen zu Ostrowski – zu Anfang eine Art Organisator unseres Untertauchens –, ob dies nicht das Ende unseres Versteckens bedeuten würde.

Frau Gumz weinte bitterlich, als wir sie verließen. Sie machte sich laut klagend Vorwürfe, daß sie entgegen ihren Absichten nun doch nicht die Kraft aufgebracht hatte, zu unserer Rettung entscheidend beizutragen. Ähnlich erging es uns bei dem Ehepaar Garn, wo die herzkranke Ehefrau dem Druck einfach nicht standhalten konnte. Ostrowski alarmierte andere Freunde, nachdem er und seine Freundin Grete uns eine Zeitlang aufgenommen hatten, mit der Frage, wo man uns nun unterbringen könnte. So kam es, daß wir immer wieder in neue Verstecke umziehen mußten. Manchmal konnten wir nur ein Wochenende bleiben oder gar nur eine Nacht, in anderen Fällen behielten uns unsere Freunde mehrere Wochen. Die Unterkünfte unterschieden sich erheblich. Mal schliefen wir auf den Rückenlehnen von Sesseln, mal hinter einem Ladentisch, dann wieder im Keller oder in der Küche, in einem Bootshaus oder in einem ehemaligen Ziegenstall. Mal waren es auch richtige Betten, ein paradiesischer Zustand, wie es uns damals schien! In allen Fällen brachte unsere Anwesenheit, abgesehen von den Gefahren, erhebliche Unbequemlichkeiten für unsere Freunde mit sich. Niemals aber wurde die Entscheidung, uns aufzunehmen, von den Wohnverhältnissen abhängig gemacht.

In fast allen Fällen waren es Frauen, die die Initiative zu solchen Hilfeleistungen ergriffen. Ihre Partner verweigerten zwar meist ihre Zustimmung nicht, aber sie erwiesen sich auch bei Hilfeleistungen oder bei der Suche nach der Lösung einer schwierigen Situation weitaus schwerfälliger als die Frauen. Einer Statistik zufolge waren 71 Prozent der

Helfer von Juden Frauen,[2] gegenüber 29 Prozent Männer. Frauen handeln im allgemeinen spontaner und impulsiver als Männer. Ihre Fähigkeiten, sich emotional in einen Hilfebedürftigen einzufühlen, ist wohl stärker entwickelt.

Bemerkenswert ist in diesem Zusammenhang, daß sowohl in der Zeit vor unserem Untertauchen wie auch während der „Illegalität" drei Portiersfrauen eine Rolle in unserem Leben spielten. Wer das Berlin von früher kennt, weiß um die alles wissende und alles beobachtende Portiersfrau. Meist waren sie barsch und unfreundlich. Aber es zeigte sich, daß ihnen Menschlichkeit keineswegs fremd war. Sie halfen uns mit Lebensmitteln, gingen für uns einkaufen, wenn die Stunde, die uns dafür zustand, nicht ausreichte. Sie warnten uns, wenn ihnen Gefahr im Verzug schien, und sie betreuten uns, soweit es in ihren Kräften stand. Sie verschlossen ihre Augen nicht vor der fortgesetzten Entrechtung und der immer grausamer werdenden Verfolgung der Juden in Berlin.

Viel zu wenig ist darüber bekannt, daß Prostituierte zu Hilfeleistungen bereit waren, sprach man sie daraufhin an. Es gibt wohl wenige Menschen, denen Leid und Not näher ist als ihnen. Und das war wohl ausschlaggebend für ihre Bereitschaft zu helfen. Sicherlich hat auch die Tatsache mitgespielt, daß auch sie verfolgt wurden. Prostitution war verboten. Verhaftet werden konnte, „wer öffentlich in auffälliger Weise oder in einer Weise, die geeignet ist, einzelne oder gar die Allgemeinheit zu belästigen, zur Unzucht auffordert oder sich dazu anbietet"[3]. In manchen Fällen haben Juden für diese Hilfeleistungen gezahlt. Dabei ist zu bedenken, daß gerade Prostituierte für die Weiterführung ihres Gewerbes während des Krieges auf Schwarzmarktware angewiesen waren. Ihre Bereitschaft, zu helfen und sich in Gefahr zu begeben, war ehrlich und sollte nicht falsch ausgelegt werden (siehe S. 121).

---

2 „Hilfe für Juden während des Holocaust", Ute Klingmann u. Jürgen W. Falter (aus „Mut zur Menschlichkeit", Köln 1993).
3 „Zwangsprostitution", Christa Paul, Berlin 1994.

Je näher der Krieg kam, desto größer wurden unsere Probleme. So wurde es mit der Zeit unmöglich, während der verstärkten Luftangriffe in der Wohnung zu bleiben. Den Luftschutzkeller des Hauses, in dem wir versteckt waren, konnten wir als Gäste ein- oder zweimal aufsuchen. Da jeden Abend mit einem Luftangriff zu rechnen war, waren die Berliner längst von Besuchen bei Freunden abgekommen. Mehrfacher Besuch des Kellers wäre aufgefallen und hätte zu unnötigen Fragen geführt. Darum mußte in der Nähe unseres Verstecks ein öffentlicher Luftschutzkeller gefunden werden, den wir als Passanten aufsuchen konnten. Die Luftangriffe führten dazu, daß potentielle Verstecke zerstört wurden. Lebensmittel wurden knapper. Unsere Freunde hatten noch größere Mühe als zuvor, uns zu versorgen – wir hatten ja keine Lebensmittelkarten. Die Preise für Schwarzmarktware stiegen rapide.
Andererseits brachte das herannahende Ende des Krieges auch Vorteile für uns mit sich. Die stetig näherkommende Front und die vielen Luftangriffe der fast ungehindert operierenden alliierten Bomber am Himmel von Berlin führten zum Zusammenbruch der sprichwörtlich preußischen Ordnung. Wir konnten eine fiktive Identität annehmen, gaben uns als Flüchtlinge aus Gebieten aus, die fest und sicher in russischer Hand waren und damit Nachforschungen unmöglich machten. Wir bezogen Lebensmittelkarten und profitierten von Sonderzuteilungen. Arbeitgeber, deren Angestellte zu kriegswichtigen Arbeiten eingezogen waren, fragten nicht nach Unterlagen, wenn man ihnen eine begrenzte Mitarbeit anbot. Zwar waren wir damit nicht außer Gefahr. Noch immer konnten wir erkannt und verhaftet werden. Dennoch waren wir nun in den letzten Monaten des Krieges weniger von den Hilfeleistungen unserer Freunde abhängig.
Im Laufe der zwei Jahre und vier Monate unserer Illegalität hat sich in uns und in unseren Freunden eine Art Motor entwickelt, der uns vorantrieb. Ganz gleich, welche Schwierigkeiten auftauchten, immer suchten wir mit ihnen nach Auswegen und fanden sie auch. Manchmal verließ meine

Mutter der Mut, wenn ihr Schwierigkeiten unüberwindlich schienen, und sie äußerte Gedanken, daß wir wohl aufgeben müßten. Aber die Freunde richteten sie wieder auf, versicherten ihr, daß das Ende der Nazis absehbar wäre. Ihnen allen, deren Opfer ich nicht vergessen werde, war gemeinsam, daß sie einen starken Glauben hatten, politisch geprägt waren im weitesten Sinne des Wortes oder als Folge ihres Lebensweges wußten, was Leid ist, und ihnen nichts Menschliches fremd war. Sie fragten andere nicht um Rat, um Gewißheit für die Richtigkeit ihres Handelns zu bekommen. Sie waren dank ihres Glaubens selbstbewußt genug, um ihre Entscheidung für ihr Opfer zu treffen.